丛书编委会

大家精要

方孝孺

吴林 著

陕西师范大学出版总社

图书代号 SK17N0217

图书在版编目（CIP）数据

方孝孺 / 吴林著. —西安：陕西师范大学出版总社有限公司, 2017.7（2024.1重印）

（大家精要）

ISBN 978-7-5613-9118-1

Ⅰ.①方… Ⅱ.①吴… Ⅲ.①方孝孺（1357—1402）—传记 Ⅳ.①K827=48

中国版本图书馆CIP数据核字（2017）第105407号

方孝孺　FANG XIAORU

吴　林　著

责任编辑	彭　燕
责任校对	宋媛媛
封面设计	张潇伊
出版发行	陕西师范大学出版总社
	（西安市长安南路199号　邮编 710062）
网　　址	http://www.snupg.com
印　　制	永清县晔盛亚胶印有限公司
开　　本	650 mm×930 mm　1/16
印　　张	10
字　　数	100千
版　　次	2017年7月第1版
印　　次	2024年1月第2次印刷
书　　号	ISBN 978-7-5613-9118-1
定　　价	45.00元

读者购书、书店添货或发现印刷装订问题，请与本公司销售部联系、调换。

电话：（029）85303879　传真：（029）85307864　85303629

目　录

引子 / 001

第1章　方孝孺生活的时代与地域 / 003

一、人杰地灵的家乡 / 003

二、儒父济世及家庭影响 / 004

三、早慧而扎实的童年 / 006

四、勤奋自律的青少年时代 / 010

五、空印案祸及方家 / 013

六、师从开国文臣 / 014

七、赋闲田园，专心著作 / 020

八、授课汉中，兼蜀王世子师 / 028

九、辅佐建文，改洪武弊政 / 032

第2章　方孝孺与三朝帝王 / 036

一、遇太祖而不见用 / 036

二、与建文的切磋琢磨 / 038

三、成祖的靖难和遭十族之祸 / 047

四、正学之难对后代士风的影响 / 054

第3章　方孝孺的理学思想 / 062

一、心性论与道学方法 / 062

二、图《周礼》经世 / 065

三、劈佛、道异端 / 067

四、天人合一观 / 072

五、格物致知论 / 074

第4章　玫瑰色的政治思想 / 079

一、以民为本的君职论 / 080

二、正统变统论 / 086

三、君臣关系说 / 090

第5章　出入于东坡与龙川之间的文学风格与成就 / 094

一、为学 / 094

二、文学思想的形成 / 102

三、文道合、气昌辞达、因变的文学主张 / 103

四、散文理论与创作特色 / 117

五、品高气宏的诗歌 / 127

六、文学成就及其影响 / 135

结语 / 145

附录

年谱 / 150

参考书目 / 153

引　子

　　方孝孺，字希直，一字希古，号逊志，蜀献王赐号正学，浙江台州宁海人。生于元至正十七年（1357），卒于明建文四年（1402）。一生先后经历了元、明两个皇朝，元末、明初、靖难三个时期。他一生中最辉煌、最有影响的时期便是在明朝。方孝孺自幼随父读书，聪敏勤奋，每日读的书的厚度都超过一寸，被乡人看作是韩愈再生。他以理学和才华赢得社会的承认，成为明代初期著名的理学家。二十一岁时，他又前往浙江金华受教于著名理学家宋濂。由于他天资极高，力复理学，数年之内就高出侪辈，得到了宋濂的褒奖。宋濂在《送方生还天台诗序》中称赞他秉性凝重而不被外物所牵系，聪颖不凡足以洞悉万物至理，时而为文，文思亦如水流泉涌。这种卓尔不凡的人才就像在啁啾合鸣的百鸟中的一只凤凰一般。在《祭太史公七首》中，宋濂甚至说，如果再给方孝孺一些时间以增长他的学识，自己恐怕也会有所不如了。

　　方孝孺本人对于文章并不看重，甚至多次在给友人的书信中表白自己不欲以文章名世，他所渴慕的是圣贤之道，最希望做的是取法圣贤、师法圣贤。方孝孺对自己的志向有着明确的定位，他说："其大者，将宏廓敷扬其所传于世，俾人得乐生达理；其次亦将整齐周公孔子之成法，为来今准；下此犹当著一书，据所蕴蓄，补艺文之遗缺，续斯道于无极，岂止与诸子竞铢两毫末于文艺之籍哉？"方孝孺的思想与志向由此可见。他是以敷扬上古先贤之道为务，希望通过这种传递使人民能够幸福地生活并体悟先贤的道理，其次是收集整理先贤之法，再次是根据先贤至理著书立说来延续之。一言以蔽之，方孝孺认为文只不过是载道的工具罢了。

洪武年间，方孝孺曾两次被明太祖朱元璋召至京师。朱元璋对他也非常赏识，看了他的《灵芝甘露颂》后，不禁赞叹他："异人也，吾不能用，留为子孙光辅太平。"明太祖去世后，惠宗按太祖遗令，将方孝孺召为翰林侍讲，其后又多次升迁，并准其参与机要。建文四年，燕王朱棣的叛军攻破京城，方孝孺被捕下狱。朱棣为了掩盖自己篡位的行径，命方孝孺草拟诏书。方孝孺誓死不从，燕王以灭九族相威胁，方孝孺浑然不惧，痛骂不休，对朱棣说，即便灭十族又能如何？燕王大怒，割了他的舌头，并处以磔刑。朱棣还灭了方孝孺的九族和他的门生游党，号为"十族"。

第 1 章

方孝孺生活的时代与地域

一、人杰地灵的家乡

方孝孺出生于浙江省台州府宁海县缑城（或称缑城里）。宁海位于现在的浙江象山、奉化、新昌、天台、三门之间，有近一百八十公里长的海岸线东连大海；另有天台山横贯宁海的中、西部全境，远望层峦叠翠，绵亘起伏。行走其间，随处可见飞瀑流湍，水色映带左右，景色非常优美。宁海是真正的鱼米之乡，因为当地雨量丰沛、土壤肥沃，极宜于农作物的生长。沿海居民则因地制宜，多以捕鱼、贩鱼为生。

当地的杰出人物更是层出不穷。北宋时，有被称为"浙学先河""理学先声"的罗适，为官方正不阿，勤于政务，以清正为本，常为民利而逆上意。宋元之际出现了著名的史学家胡三省，誓死不屈从于元朝，隐居山林。他们以高风亮节与刚直不阿的立身处世之道沦肌浃髓地沾溉着后人。前辈们留下来的精神遗产，无形无声地影响着追慕先贤古风的孝孺。

二、儒父济世及家庭影响

方孝孺的父亲名克勤，字愚庵，又字去矜，生于元泰定三年（1326），卒于明洪武九年（1376）。克勤自小被视为神童，五岁时读书就可以划分句读，十岁就已经把"五经"熟记于心。成年以后，更是勤学不辍。在政治上，他先后做过县学训导、济宁知府等官，是明朝初年的名臣。在济宁为官时，他为了使下言得以上听，张榜公告，只要百姓有不平之事，都可以到官府来说，任何下级官吏不得盘查诘问。另外，他还经常找一些德高望重的老人来咨询自己治理当地的得失。这样的结果就是，当地的官吏不敢结党营私，而欺压百姓的事也就很少出现了。由于他勤政为民，体恤百姓，当地的户口在他任内的三年多时间里从三万多户翻了一倍，而税收更是从一万多石增加到十四万多石。所以，宋濂在《故愚庵先生方公墓铭文》中称赞他说当地家有余粟，野无饿殍，牛羊鸡犬散于郊野的景象都是源于他的这种宽仁爱民的行为。

方克勤也非常重视文教的作用。他注意到当地的郡学官员缺失，甚至孔子的庙堂也颓败不堪，于是延聘前进士为郡学的教师，增补学员。同时，令一些僧人来修葺庙堂，造场圃，改善生员的学习环境。他还亲自为生员纠正句读，判断正误。

由于方克勤治民有术，明太祖朱元璋多次予以奖谕，而且说："当你的政策取得成功之后，我当会重用于你。"除了精于治民之外，方克勤也是一个非常正直的官员。在他的治下，有一个叫程贡的低级官吏，他曾经因为不称职而受过笞刑，一直对方克勤怀恨在心。就在朱元璋勉励方克勤的这一年八月，程贡秘密上书皇帝，诬蔑、攻击方克勤。朱元璋诏命御史杨某督察此事。杨是程贡的朋友，唯恐程贡阴谋不成反倒落下诬陷大臣的罪名，于是，他到了当地，脱下官袍换上民服暗自搜集方克勤往昔的一切过错。可是过了两个月，仍然一无所得。在万般无奈之下，这个御史只能将官府中大小卒吏全都抓了起来，施以严刑拷问，希望通过屈打成招的办法获得一些"罪证"，结果却让他更加失望。最后，他们只有诬陷方克勤使用了官仓中的灰苇。这本是冬季取暖之物，而当时才十月间，天气未冷，所以并不可能使用，正所谓"欲加之罪，何患无辞"。方克勤自知是诬陷，但也并不辩解。为不连累百姓和下属，他从容赴京师担当。这件事激起了当地的民愤，为其鸣不平的百姓站满了街道，甚至随行车驾百余里。而方孝孺作为方克勤的次子，也曾上书，表示希望以身从军代赎父过。

虽然方克勤在不久之后便被害于京师，但他却以身作则向方孝孺展示了什么才是真正的为人之道、为官之道。在《故愚庵先生方公墓铭文》中，随处可以看到类似的记载。比如他在动容周旋之间必合礼法，奉养简素，不穿纨绮之衣。甚至在写文章的时候，也表现出不重文采、质而不华、平和明理的风格。而方克勤的这些廉而守礼、文以载道的为人为学的风范在方孝孺的身上也都或隐或显地体现了出来。

方孝孺生身母亲姓林名姬，在孝孺七岁时撒手人寰，留下二子。孝孺排行第二，上有兄孝闻。

方孝闻，字希学，生于元至正十一年（1351），卒于明洪武二十九年（1396），终年四十六岁，与孝孺享年相同。孝闻力学笃行，平日里始终以书为伴，功底扎实，"遍学五经，而邃于易，精求圣贤旨趣，由致知而诚身，由亲睦而爱物"。孝孺受其影响并得益不少。他说："某所以粗知斯道者，非特父师之教，抑亦吾兄之训饬也。"每每遇到疑惑，孝孺即求教于其父其兄。孝闻同时也是儒雅孝顺的榜样。母亲病故之时，他严格遵循礼制，"人以纯孝称之"。孝闻、孝孺兄弟二人感情笃深，但兄先孝孺而死，闻兄病逝，孝孺悲痛欲绝，数日未进饮食。远在汉中，未能在兄弥留之际送兄，孝孺引以为终生憾事！

孝孺弟孝友，字希贤，为克勤侧室董夫人所生。建文四年（1402），与孝孺一起在南京聚宝门外被杀。

继母王氏，名在。林夫人去世后不久嫁入方家，贤惠而慈爱。待孝闻、孝孺犹如己出。对年幼的孝孺关怀呵护备至。但不幸的是，王夫人生一女后，未等满月，亦撒手归西。

七年之后，方孝孺的父亲也去世了。多年之后方孝孺回顾自己当年的经历时也是哀伤莫名。《逊志斋集》说："盖三十而丁三，艰质素薄，苦多病重之，以悲哀割心摧腑，殆不能人。"即说他不到三十岁而经历了三位亲人的去世，加之自身体弱、多病，重重悲哀恍如刀斧一般摧割肝肠。

三、早慧而扎实的童年

元朝末年，统治者对百姓的压迫和管制太过严苛与恶劣。当时不管哪一家人结婚，新婚之夜新娘子必须由元人占有，名曰初夜权；又因怕汉人反抗，只准许每十户人家用一把菜刀，而且还用铁链锁在屋柱或井台上。加上当时灾害多，民不聊生。所以浙东民谣有"天高皇帝远，民少相公多；一日三遍打，不反待如何"的句子。

元末社会吏治腐败，官员贪污现象极为严重，且苛捐杂税名目繁多。如下官初次参见长官给的叫见面钱，官员逢年过节要的是追节钱，适逢生辰收的叫生日钱，管事索要的是常例钱，另"送迎曰人情钱，句追曰赍发钱，论诉曰公事钱。觅得钱多曰得手，除得州美曰好地分，补得职近曰好窠窟"，无事也白要叫撒花钱。真是惘然不知廉耻为何物。

元末大乱，是农民起义风起云涌的时代。北方有红巾军与元军激战；南方除了方国珍部外，还有各地此起彼伏的农民军和小股的反元力量在四处活动。这种动荡的社会现实也影响到了宁海，渔民相聚生变，江浙行中书橡吴江同知金刚奴招募水兵试图予以剿灭。此时方克勤找到金刚奴，对他说人民是因为实在没有办法才去做盗贼的，那些尚未加入盗贼的人还有很多，他们也早已蠢蠢欲动。在这种情势之下，为什么还要再给他们兵器呢？这种方式简直无异于饮鸩止渴，不是在抵御盗贼而是在增加盗贼。但金刚奴没有听方克勤的劝诫。结果正如方克勤预料的一样，那些新招募来的水兵在半路就杀了护吏，结伴投奔浮海反元的方国珍去了。金刚奴侥幸跳墙逃过一劫，虽然保住了性命，但也跌断了一条腿。直至此时，金刚奴才后悔当时没有听从方克勤之言而遭受此等祸患。过了不久，朝廷又派侍御史左答纳失里来招抚义军，命浙江行省都事刘基副之。此时方克勤再次上书阐述剿灭义军之方略。都事刘基虽然很欣赏他的建议，但并没有采纳。关于此事的原因各家的看法莫衷一是。有的人认为刘基虽然赞同，但是最终的决定权仍掌握在侍御史的手中，所以方克勤的建议没有最终付诸实践。而另一种观点则认为，刘基深知元朝早已腐朽不堪，难以辅弼，遂以全身远害为务。

不久之后，台州、宁海等地均为义军所占领。而方克勤也因为终不见用，有智不获聘，愤而退居山中，以采松柏为食。此后尽管也有台州当地官吏再欲延请他出山为幕僚，也都被谢绝了。显然方克勤对昏聩的元朝统治者已经有了极为清醒的认识。

方孝孺生于元顺帝至正十七年，在很小的时候就表现出了杰出的天赋。根据《逊志斋集》中的《方孝孺先生年谱》记载，他三岁识数，五岁为诗。六岁时写的诗就已经颇为可观，如《题山水隐者》："栋宇参差逼翠微，路通犹恐世人知。等闲识得东风面，卧看白云初起时。"虽然在言词运用方面尚显稚嫩，且模仿前人王维的痕迹也较明显，但好在意境圆融，已得隐逸之意趣，实在难能可贵。

方孝孺在六七岁时即已有向学之心，但凡在书籍典册中见到圣贤的名字或杰出将相的样貌，便用小纸片记下来，极尽渴慕之情。"法圣贤"目标的确立，更增加了方孝孺学习的动力。他九岁的时候就已经能背诵五经，较之其父，更早一年。而方孝孺并未松懈下来，在整个青年时期，他一直严格要求自己每天读的书的厚度必须满一寸，从不违反。而且在读书的过程中极为投入，如他在《答俞子严》中说自己在十余岁的时候，每天都坐在书房中读书，碰到会心之处，即使门外钟鼓齐鸣、风雨大作也觉察不到。正所谓博观约取，厚积薄发，方孝孺写出的文章不仅雄壮豪迈，纯厚深远，而且写的速度极快，可以做到"千言立就"。

方孝孺对自己的期许也很高，常以历史上最为杰出的人物伊尹、周公自许，以辅弼君王建不世之功为志向，即使是管仲、萧何之辈他也不放在眼里。在他看来，周公、孔子和自己一样，是可以取法为师的，而颜回、孟子和自己也无不同，是可以做朋友的。这种语言简直是惊世骇俗，大家都把方孝孺看作一个狂人。更可笑的是，一些没有见过方孝孺相貌的人甚至还想专门来看看，这个人是否真的长得和古人一样。不管他人如何，方孝孺却不认为自附孔孟是狂妄无知，内心依然坚定。当他听说有人跑来看自己是否貌似古人后，笑着说，自己虽然外形相貌与当今之人无任何不同，但是内心却和古人相似。人们对此不解，方孝孺就向大家解释自己为什么要这样说。在他看来：大家口中吃的是和周公、孔子、颜回、孟子一样的粟米；身上穿的是和周公、孔子、颜回、孟子一样的衣帛；在寒冷的时候生火，在暑热的时候吹风；建庐而居，驾车而行，昼起而夜寝。大家都是有目能视，有耳能听，有手可持物，有足可行路，为什么独独对于道却有这么多的顾虑呢？为什么后人就一定要亦步亦趋地跟在圣人的后面不敢越雷池一步，而不能如圣人一般有所创见呢？这种观点与韩愈在《原毁》中的一段论述颇为相似。韩愈文中提到的"古之君子"以舜和周公作为榜样，认为自己与舜和周公无有不同，且以不及舜和周公为耻。所以，同乡之人把年轻的方孝孺称为"小韩子"，视为韩愈再生，那也就是自然之事了。

明洪武三年（1370），天下初定的朱元璋决定大兴文治。遂诏告天下，令各府、州、县皆立学，并设置教授、学正、教谕、训导等学官。当时隐居天台山麓的方克勤因为才学出众，声名传遍乡里而被委任为县训导。一时之间身负书箱远来从学的士子达到上百人，当时年方十三岁的方孝孺也跟随父亲学习。方克勤的讲授方法很独特，以经义为基础，广征博引贯通文义。这种教学方法效果非常好，不仅对于学生学问的提高很有帮助，同时也对他们学习做人之道很有裨益。如《故愚庵先生方公墓铭文》中所说，所有听课人的受益沦肌浃髓，宛如香泽袭身迁为良善。这种教学方法对后来孝孺的从教生涯影响至远至大。二十多年后，孝孺到汉中作府学教授和蜀王世子的老师，都继承了父亲授课的传统，影响还超过了父亲。

四、勤奋自律的青少年时代

洪武三年年初，方克勤因为母亲年事已高需要服侍，坚决辞去县训导之职，临别之际学生们追随其后者趾踵相接，甚至学舍也为之一空。也就在这一年，方孝孺陪同父亲回到了缑城里。

在读书的同时，方孝孺也进行了比较系统的写作训练。在十四岁的方孝孺身上已经多少表现出了一些思想家的特质。这一年，方孝孺创作了大量规箴性质的作品来砥砺自己的德行。具有代表性的是《幼仪杂箴》二十首和《杂铭》四十五篇。在这些箴言里，方孝孺表现出了鲜明的儒家学养特质。无论是行跪拜揖、饮食言动的举止，还是喜怒好恶、忧乐取予的法度，一切都要有所约束，不可忽视。方孝孺认为，要真正成德，一定要内有所养而外有所约。这样才可以庶几及之。

从这些作品中，可以看到年轻的方孝孺对自己的要求是多么地详悉而完备。甚至涉了日常生活的方方面面，无所不包。如坐要直背端貌，不可踞坐倚侧，宜如山之恒德；行要步子稳实，容貌舒坦，不紧不慢，行仁义之途；寝则宁心静气不妄思，睡姿既不可偃伏又不可仰尸；言则尤其需要谨慎，因为发于口为好坏褒贬之别，入乎人耳则为喜怒之分，用于人世，可成可败，传于书籍，为贤为愚，一言以蔽之，慎言是也；食则求俭，与其愧受珍贵膏腴之馐，不及野蔬藜藿之甘，与其尸位而享万钟之粟，远不如以有为而受釜盎之餐；酒有节制，不可贪杯失礼，妨碍家国之事。冠要正，带合身，穿衣如修德。笔不妄动，墨当爱惜，砚也盛存乾坤，纸用以立言载道，行仁义，以利其民。

又如爱好，方孝孺在《好箴》中讲，对于一般外物，即使足有可爱之处，也不应该沉溺于此，而如果是道德中有足以令人欣喜之品质，则一定要效法它。因为如果一个人以外物为鉴，以品德为贵，则不会有人说他距离"道"仍然很远。

又如取得，方孝孺在《取箴》中提出，如果是通过不义的途径得到的东西，那么即使如锱铢也不放在眼里。而如果通过义的途径得到千驷之巨也问心无愧。无论外物是多是少，只要不符合义的道理，就都像并不存在一般。

这不禁会让人想起《论语》中孔子说的那句："不义而富且贵，于我如浮云。"其实这种奉养简素、非义不取的品质，在方孝孺父亲方克勤身上也可以看到。比如其父平生不穿纨绮之衣，常年着一布袍，甚至数载不易。每天只吃一次肉，而如果当天并不办理官府公事，则一天也不会吃一次肉。他为人极为廉洁，每次外出办公的时候，一切应用之具皆随身携带，在当地甚至一杯热水都不肯喝。一次，兖州的官员派一个小童送两个水瓜给方克勤。方克勤觉得这样做有行贿之嫌疑，所以鞭笞了小童，然后把水瓜归还了去。

除了《杂箴》之外，方孝孺还写了一系列的《杂铭》。这些铭文托物言志，其中一些思想也颇为可观。

如在《纸铭》中，他将纸的功能和自己的抱负熔铸于一炉，说纸用以立言载道，行仁义，以利其民。意思是，如果用纸来写文章，是希望它可以"载道"。如果用它来记载事件，则希望它可以有利于人民。如果用它来实施教学，则希望它可以传播"义"。用它来立法，则希望它可以体现仁政。

又如在《席铭》这一篇中，方孝孺以坐卧之席阐发开来，认为过于舒适安闲，则容易让人沉溺于其中，而溺于安逸之祸，较之洪水猛兽不遑多让。而相比较而言，一个人如果仅仅是身体沉溺于水中，旁人尚可下水救之，假若此人是心溺，又有谁能救得了他呢？"生于忧患，死于安乐""忧劳可以兴国，逸豫可以亡身"等等，讲的都是这个道理。

另如《衾铭》一篇，从中可看出方孝孺忧民的杰出之处。在此篇中，他提出一个人在自己温暖的时候要想到别人所受之寒，当自己安逸的时候，要多想到别人的艰难。"己之暖，思人之寒；己之安，思人之艰。"此铭似与广为传诵的司马光的《布衾铭》颇有些关系。

在《炉铭》中，方孝孺表达了对于人民之力的重视。他以炉取譬，指出如果你靠近炉子，它可以温暖你。如果你触碰它，它会烧到你。人民就像这炉中之火，不要以为可以随意侮辱。这种民本思想在我国古代思想中可以说是屡见不鲜：从《孟子·尽心下》的"民为贵，社稷次之，君为轻"，到《三国志》中的"国之有民，犹水之有舟"，再到《孔子家语》中的"水所以载舟，亦所以覆舟"等论述即可以看出。但难能可贵的是年仅十四岁的方孝孺竟然也有此意识，并形诸笔端以为劝诫，足见他对于此问题的理解是有一定深度的。

洪武四年（1371），方孝孺随父到济宁知府任的那一年，正好十五岁。在济宁的四年中，他开始逐渐奠定自己的理学基础。

五、空印案祸及方家

明洪武八年至九年（1375~1376），对方家来说，是多灾多难的两年。尽管八年春方克勤任满，考绩为山东行省六府之最，且奉诏进京接受明太祖朱元璋的嘉奖，但当有人诬告方克勤时，朱元璋却充分表现出了他猜忌多疑的本性。

方克勤在程贡、杨某的诬陷之下，被贬谪到江浦（今江苏南京浦口区）。到了江浦之后，方孝孺的兄长孝闻留下来照顾其父，而年轻的孝孺则遵父命前往京师求学于大儒宋濂。孝孺离别父亲之后，首先赶回宁海处理家中事务并拜别祖母。随后，他带着自己未竟的学业、尊父的叮嘱、创作的文章去谒见名师。

洪武九年春，方孝孺来到京城，见到闻名天下的宋濂，出示了自己写的文章，宋濂一眼就看出这些文章的不凡——"一览辄奇之"，遂与孝孺促膝而长谈达三个多时辰。

洪武八年年底，按例方克勤可归乡，结果又碰上明朝初年著名的"空印案"爆发。所谓"空印案"，是明太祖朱元璋严惩地方计吏预持空白官印账册至户部结算钱谷的重大案件。根据明初规定，每年各布政使司、府、州、县均需派遣计吏至户部，呈报地方财政的收支账目及所有钱谷之数。府与布政使司、布政使司与户部的数字必须完全相符。稍有差错，即被驳回重造账册，还得加盖原衙门官印后，方为合法。各布政使司计吏因离户部道远，为避免往返奔走耽误时间，便预持盖有官印的空白账册，如果原账目与户部账目不符，随时可以重新填用。因为该空白账册盖有骑缝印，不能作别的用途，所以户部对此现象倒也从不干预，习以为常。洪武八年，朝廷考校钱谷书册，明太祖得知空印之事后大怒，认定此系地方官吏借以舞弊贪污之策，下令严办。结果从户部尚书至各地守令主印者皆被处死，副职以下杖一百，充军边地。受此案牵连，数千人被处以极刑。之前方克勤作为济宁知府，显然是主管印务之人，难脱干系。在多重打击之下，年仅五十一岁的方克勤于洪武九年十月二十四日被害于京师。方孝孺和他的兄长孝闻扶柩归乡。

第二年二月二十四日，方孝闻、孝孺、孝友兄弟三人将父亲和母亲林夫人合墓葬于宁海深湾童施山原野。

六、师从开国文臣

宋濂，字景濂，号潜溪，又号玄真子，浙江省浦江县人，明初文学家。宋濂家境贫寒，但自幼好学，曾受业于元末古文大家吴莱、柳贯、黄溍等。他一生刻苦学习，"自少至老，未尝一日去书卷，于学无所不通"。他无论是在理学、文学，还是在史学等方面，都功力不菲，留下了大量著作，对明代前期的理学、文学及史学发展产生了重大影响。在古代文学史上，与高启、刘基并列为明初诗文三大家。朱元璋称其为"开国文臣之首"，刘基赞他"当今文章第一"，四方学者皆尊之为"太史公"。元朝末年，元顺帝曾召他为翰林院编修，他以奉养父母为由，辞不应召，修道著书。朱元璋称帝，宋濂就任江南儒学提举，为太子讲经。洪武二年（1369），奉命主修《元史》。在史学方面，他建议并组织编写了《大明日历》《皇明宝训》等重要史籍，不仅保存了重要的历史材料，而且恢复了"日历"、创立了"宝训"等修史制度和记注形式。他还私撰了记述当朝史事的《洪武圣政记》，开创了有明一代以"政记""政要""大政记""圣政记""宪章录"等形式记述当代政事的史学风气。宋濂累官至翰林院学士承旨、知制诰。洪武十年，因年老辞官还乡。后因长孙牵连胡惟庸党案，全家流放茂州（今四川茂县），途中病死于夔州（今重庆奉节）。宋濂被称为"开国文臣之首"，又被推崇为当时文章第一人，当时登门求文章的人以踵相接。连朱元璋也称赞他在侍奉自己的十九年中，口无一句毁谤他人之言，身无矫饰之行，宠辱不惊，始终如一，实在可称得上贤能了。

宋濂在方孝孺父亲去世的时候赋诗一首予以劝慰，且应方孝孺请求，撰写了其父的墓志铭，即《故愚庵先生方公墓铭文》，对方克勤一生之谨严端直、勤力为民的言行作出了公正的评价。

洪武十年正月，宋濂上书明太祖朱元璋，请求准予自己告老还乡，言辞之间去意已决。朱元璋考虑到他已六十八岁，准以所请，并赐缯绮。明太祖对宋濂说：好好保留这绮，等到三十二年后你可以用来做百岁衣。明太祖还善加抚慰，告诉宋濂现在江水正涨，不可行舟，最好在水边行路。此外，还特地派宋慎（宋濂长孙）侍奉、护送他归乡。足见朱元璋对宋濂的优待。

二月，宋濂离开南京，沿途行行走走，直到暮春时节才到达金华。

六月，时年二十岁的方孝孺也来到了浦江。这不禁让宋濂喜出望外。从此孝孺承学宋濂，如浑金璞玉遇上了识珠的慧眼。宋濂在教授他的时候循循善诱，倾囊以授。凡理学渊源之统，人物绝续之纪，以及盛衰变化的精微、名物度数的变化，无所不谈。而方孝孺也的确不负父亲和恩师的期望，在学习的过程中，展现出了惊人的天资，经常是宋师略加启发，就可以举一反三，甚至对其间的道理也了然于胸。他的理解巨细无遗，本末并举，实在难得。而当他将自己的理解形诸笔端、发为论著的时候，又给人文意森蔚之感，且千变万化而无有定形，其气势如江水之不竭、濯然常新。

方孝孺并未因自己的天赋而略有懈怠，经常苦读到深夜，废寝忘食。比如他曾经以周公、孔子自许，而举世之人也认为二程、朱熹复生了。他的杰出甚至让先辈胡翰、苏伯衡、叶见泰等人都自谓不如。方孝孺前后从学宋濂四年，其师评价他说，就诗文而言，除宋人欧阳修、苏轼而外，唐以后，无人能过之。孝孺不仅有文才，还具有治国的韬略。《罪惟录》里记载了关于方孝孺的一个传说：有一次明太祖朱元璋令宋濂写一篇《灵芝甘露颂》，并赐酒于他。由于宋濂实在不善饮酒，不禁大醉，酒醒之后忽然想起赋文还没有写，无法交差，因而连呼"死矣!"这时方孝孺告诉老师不必紧张，他早已写好。文章呈上以后，朱元璋看了虽然觉得文采内容俱佳，但似乎与宋濂一贯的文风不同，便找宋濂来问个究竟，而宋濂也不敢欺君，遂据实以告。朱元璋便说："此当胜先生。""此生良胜汝。"于是立刻召见方孝孺，考以策论，方孝孺援笔立就，文不加点地完成了。朱元璋看了以后也极为满意，特赐绯袍、腰带，且让礼部设宴，由宋濂作陪。

从现存的许多文献里，可以看到宋濂对于自己晚年所收的学生方孝孺的钟爱。他曾说："晚遇小子，自贺有得。"在《送方生还天台序》里，宋濂的这种感情表达得更加动人。他说：

古代人重视德行的教育，不仅弟子想求一名师，那些为人师者也都想找到一个真正的英才来教育，若真能得到，没有不喜动颜色的。这没有什么不能理解的，是人的本性。我在晚年的时候能够得到方孝孺作自己的学生，看到他就好像在喧闹啁啾的百鸟中，忽然看到孤凤一般，为什么不快乐呢？刚刚教授此生一年有余便要分离，又怎么能不思念呢？现临别在即，作诗十四章以相送。最后一章用了"来"字，是希望他能背着书箱再来自己这里求学。

宋濂还在《送希直归宁海五十四韵》的序文中说：得知方孝孺因为很久没有见到祖母而不得不回乡，对于他的离去感到非常惋惜，且放言二十年后，天下人都将明白方孝孺的不凡。其厚望之情，直似宋代欧阳修之于苏轼一般。宋濂甚至曾想把自己的外甥女嫁给方孝孺，但因孝孺祖母不允才作罢。

洪武十三年（1380）秋天，孝孺归省祖母，与宋濂依依惜别。回到家乡之后，方孝孺与其兄孝闻共同致力于其父文集的编纂。这样既可以告慰蒙冤受屈的父亲，也表达了人子对于父亲的思念。直到洪武十四年年底，《愚庵公文集》终于编成，方孝孺为之作序和跋。

洪武十三年，在明代乃至以后的历史上影响深远的胡惟庸案爆发。

胡惟庸（？～1380），安徽定远人。早年随朱元璋起兵，颇受宠信。历任元帅府奏差、宁国知县、吉安通判、太常少卿等职。洪武三年，拜中书省参知政事。六年七月，任右丞相，约十年晋丞相，位居百官之首。随着权势的不断增大，胡惟庸日益骄横跋扈。

据《明太祖实录》卷二三九中记载，洪武十三年正月甲午日（1380年2月8日），胡惟庸向朱元璋报告，他家的井里涌出了醴泉，请朱元璋到他家里去观看祥瑞。古代的人迷信，认为国家治理得好，上天才会呈现一些祥瑞之事以示表彰，这叫天人感应。

当朱元璋走到西华门时，忽然有一个人迎着皇帝的车驾直冲了过来，拦住御驾车马，急不能言，用手指向胡家。这个拦驾的人叫云奇，是西华门内使，一个宦官。这就是历史上著名的"云奇告变"。

朱元璋感觉事态有异，立即返回。登上宫城，发现胡惟庸家上空尘土飞扬，墙道里都藏有士兵，太祖大怒，以"枉法诬贤""蠹害政治"等罪名当天即处死胡惟庸、陈宁等。同时借辞穷追其好友，包括开国第一功臣韩国公李善长等大批元勋宿将皆受株连，致死者三万余人，史称胡惟庸案。胡惟庸案与蓝玉案合称胡蓝之狱，诛灭之事直到洪武二十五年乃止。

明代史籍中关于胡惟庸案的记载多有矛盾，因此对于胡是否确实谋反，当时便有人怀疑，但朱元璋大肆株连杀戮功臣宿将是真。更有甚者，杀了胡惟庸以后，朱元璋干脆罢除丞相，取消中书省，大权独揽，集皇权、相权于一身。从此六部尚书直接对皇帝负责，皇帝拥有至高无上的权力，中央集权得到进一步加强。直到清代，丞相一职也只称为军机大臣。

洪武十三年十一月，宋濂的孙子宋慎也受到胡惟庸案的牵连而被杀，第二年五月葬于浦江青萝山祖母墓旁。方孝孺在《宋子畏圹志》中异常悲愤而惋惜地写道：凭你这样杰出的才华和智慧，富贵寿考都是应得的，却年未及壮就死了。不久，宋濂的次子宋璲也被杀了。

在胡惟庸案中，宋濂也被定下死罪。据《明史》记载，马皇后极力援救宋濂，言辞恳切地对朱元璋说：那些百姓人家如果为自己的子弟请先生也会善始善终的，更何况天子之家。而且宋濂整日在家中待着不问世事，肯定不知道这些事情。马皇后甚至在侍奉朱元璋用膳的时候也一改平素习惯，不沾酒也不沾荤腥。这让太祖觉得很奇怪，就问她为什么这样。马皇后回答："妾为宋先生作福事也。"这不禁让朱元璋也有些恻怛之意。尽管如此，朱元璋仍没有改变处死宋濂的决定。太子朱标也向朱元璋请求赦免老师，当不获答允之后，甚至以投金水河自杀来表达决心。左右侍从将太子救下，明太祖这才答应赦免宋濂的死罪。

宋濂幸免一死，但全家被流放到茂州。面对儿孙被杀、全家流放的打击，加之旅途劳顿，宋濂到了夔州就一病不起，宿于当地的僧舍。洪武十四年五月二十日傍晚，宋濂离开了人世，享年七十二岁。他被安葬在那座整日任涛声撞击的远方之城——夔州。

宋濂的死讯传到缑城里，孝孺悲愤莫名，立即准备赶往夔州。后因家中有难，未能成行。方孝孺作为宋濂的高足，对此事一直存有腹诽。为此，孝孺只有将对恩师的思念之情抒发于《祭太史公五首》文中。

在第一至四篇中，方孝孺主要回顾师生相得之际，宋濂于己的赏识，再写到听闻遭难的悲伤，回忆恩师生前的风采和死后的寂寥。到了第五篇，方孝孺将这种哀伤而又愤激的炽烈情感尽情地宣泄出来，流为文字。他不禁质疑：宋师器量足以包容天地，若凤飞赤霄，百鸟朝之，但天地间竟还不能容纳他的纤介之身；宋濂的学识足以鉴照一世之得失，但举世却无人能真正了解他的为人；他身负之道可以陶冶万物，而其身却不能寿终正寝；他的品德足以涵养万物，却没能得到君上的最后宽容之恩。文末极尽悱恻，又忧心忡忡，怕自己辱没师门。

七、赋闲田园，专心著作

自洪武十四年（1381）开始，方孝孺比较系统地撰写自己的理论著作。在《周礼辨疑》四篇中，他讲述了对于经书的辩证态度。他认为一个人治经既不能过分质疑经书，因为疑经太过，就会导致圣人之言不行于世；又不能过于盲从以至于无疑，如果这样圣人的意思就不能真正地明了于胸。要始于有疑，而终于无所疑，这才是善学者。孝孺说自己最喜欢的就是《周礼》，所以对于《周礼》的疑问也就最多。喜欢它，因为它是往古之时的圣人所作的，但可惜的是在流传过程中有的地方失去了圣王的本意。另外，在《周礼辨疑》的第一和第二篇中，方孝孺对"法治"也提出了一些看法。在第一篇中，他对《周礼》中记载的那些严刑酷法表示怀疑。比如"车裂""鞭三百"等刑罚是秦汉之后才有的，因而方孝孺不相信在周朝的圣明之际会用秦法来驾驭群臣。在周朝，尽可以道合则仕，否则引而退，应是不会用鞭笞戮辱使人惧之的，"周礼之善多矣"。由此可见，这不是周朝的制度。因此方孝孺认为，《周礼》中的严刑峻法是秦汉之际的士人按照自己的意思随意增添进去的。在第二篇中，方孝孺提出圣人治理天下立法虽严，但行法却应以恕为本。严于立法是为了让人民知道法之可畏而不可犯，行法宽恕的目的是使民知道罚不在不得已而用之时不用，因此人民才不会心生怨愤。圣人用心当不全是取悦于民，而是使民受惠而民不觉。

洪武十五年十二月，由于东阁大学士吴沉和揭枢的推荐，朱元璋召方孝孺进京。第二年正月，他来到京城。晋见朱元璋的时候方孝孺表现合宜，对答之际颇符合朱元璋的心意。而且孝孺当廷还领旨作《灵芝甘露颂》，援笔立就，连朱元璋都不得不称赞他真是一个"异才"。一语赞罢，朱元璋问揭枢自以为较之方孝孺孰优孰劣。揭枢回答道：方孝孺胜过自己十倍！朱元璋点头称是，然后又命孝孺去见太子朱标。尽管如此，朱元璋并未想立即起用方孝孺。他对太子说，像方孝孺这样的年方壮年的杰出人物需要更多的历练，更多的磨砺，以便将来为你所用。

对于方孝孺来说，初次被召见的经历是难以忘怀的，所以在《逊志斋集》中作了一首诗《奉试灵芝甘露论》。诗中首先讲述汉武帝为治国方略而召见董仲舒，董生也未负所托进献昌明之言，直与日月齐光。接下来，方孝孺谦虚地称自己不过为千载之后一腐儒，难堪大任却劳君王亲试文章。

虽然这次进京面圣，方孝孺展现了才学而并不见用，但回乡之后，他倒也安之若素，不见丝毫怨愤哀馁之意。根据《方孝孺先生年谱》的记载，他当时仍然颇有雅兴，邀约当地的友人叶仲夷、张灵璧、王元采辈及学生林公辅等人，登巾子山，指点江山，纵论人物。他甚至说，这种快乐是苏轼死后三百年来都未曾有过的。

从总体上来说，方孝孺自洪武十五年觐见朱元璋直至洪武二十五年被朱元璋授予汉中府学教授的十年间，过得比较平静。

洪武十八年（1385），方孝孺又写了一系列的文章。具代表性的有《石镜精舍记》《君学》和《四忧箴》等。

《石镜精舍记》讲的是同乡之人童伯礼在石镜山的南面建了一所精舍，在其中放置了六经群书，以便子侄研读讲习，一方面希望借此谋求治心修身之道来齐家，另一方面也可以就近照看石镜山上的先君之墓。为此，童伯礼请方孝孺记载此事，以明喻后人。

在这篇文章中，方孝孺借此机会阐释经书并非是圣人自己的话，而是天理，只不过因为天不能言，所以由圣人代为阐发。三代以上因为遵循天理而国家治理顺利稳定、风俗淳厚。周代以下因为不知道要践行圣人之经，采百家之说，叛经害理。即便个别人物知道经书不可废，却又不能求其根本，徒取其末节，且不知经本出于天，而非设于人。文章最后赞扬童伯礼懂得经书可以善身保家、教育子侄，实在是一个真正知道何为根本的人。

在《君学（上）》一文中，方孝孺认为君主没有才华或不愿学习都不是什么大问题，如果他们仰仗自己的才华刚愎自用、骄慢臣下才会遗祸无穷。这方面的例子有很多，孝孺以汉高祖刘邦为例，称他本性淳朴厚重，并无什么学问，但是从谏如流，知人善任。相反，陈叔宝、杨广自矜其才，自负其学，喜欢卖弄吹嘘，认为群臣中没有人能超过自己。方孝孺认为自古以来的圣王都大致具有敬天仁民、区别贤愚、明辨是非这几个方面的特征，而必皆以正心为本，以正心应变天下，智者为之谋，仁者为之守，勇者为之战，有才有艺之士为之奋力，若此就不患自己才思学养不够。如果学不正，治身当不可保，何以言治家国平天下？

在《君学（下）》中，方孝孺指出，对于人君来说，他们经常要应对天下的变化，如果不学，难以游刃有余地驾驭江湖庙堂纷繁的事务。所以，对于他们来说，学习又是必需的。孝孺指出，人君的学习，莫甚于治心、立政。治心的方法主要有五种，即持敬、寡欲、养慈爱之端、伐骄泰之气、择贤士以辅佐自己。有此五者，方可以为政。而管理政事的方法又有七种，分别是明察而不苛责、宽厚而不放纵、严格而不苛刻、仁义而非无所决断、智慧而不狡诈狂妄、从谏如流并能选贤任能、不耽于逸乐且贯穿始终。以上七者，虽然直接用于处理政事尚有距离，但却是为政的根本。

在《君学》最后，方孝孺举了相反的例证以证明后世君主因为不知学习为必要，所以只能依靠天资来管理国家。相比于前代的圣王，这就显得捉襟见肘了。比如说，那些天性喜好仁义的君主往往流于姑息且优柔寡断；那些注重监察的君主往往流于苛刻琐细而且少有恩德。严厉有时流于凶残，宽和时而流为松弛，深思熟虑往往被轻信所蒙蔽，开诚布公往往在小人身上取得相反的效果。有的君主主政初期恭敬节俭，但到了后期却沉湎于骄奢安逸。有的君主即位初期志向甚大但不久就放纵懈怠了。汉代的文帝、景帝、武帝、宣帝，唐代的明皇、宪宗都是如此。之所以会出现这样的情况，并非因为他们的才华天赋不高，而就在于他们不能充实自己的学识，不内修，又自以为能居万民之上，处尊荣之势，实是人君之大不幸也！

《四忧箴》是方孝孺的自励之作。"四忧"，指的是忧德行不修、学问不讲、有义不从、有过不改。孝孺认为，圣人是不需要自我勉励便可以取得成功的。但一般人的资质本来较之圣人就相差太远，如果再不自加砥砺，迟早会陷于愚钝的境地。

在"修德"章中，孝孺指出，修德必须极为勤勉，不得有丝毫懈怠。他还打了一个非常形象的比方，称修德就如饮食一般，以吃饱为目的。吃饱之后，便不再担忧饥饿。但如果无以为继，不久之后又会饥饿。所以，那些先贤圣哲都注重修德并行之终身。做好一行一事，即是修德。现在的人智慧不及舜，仁义不及尧，讲德行盛大还有伊尹、周公。他们和自己一样，但是他们却成为万世的轨则而被后人取法。面对自己的平凡，难道就没有一点愧色吗？所以在修德方面一定要更加充盈之而使之崇高，更加扩充之而使之弘大。坚持崇敬勉力而行，坚持不懈以完其功。一点成就不要自矜，一点收获不要自满。这样你就会在还没有达到圣人境界的时候就已经拘束了自己。年岁日渐老大，如果你不仔细思考这个问题，等到暮年时，便只有忧愁的份了。

洪武十九年（1386），方孝孺刚刚三十岁，但却自觉无论是气力还是脑力已经像个老人，区别就是头发未白、面皮未皱罢了。他极少出门，对于当世事务都不通晓，所以乡里小儿经常欺负他质朴懦弱而戏弄于他，把他当作傻子一般看待。家中的几十亩田地也因面积不大不易寻人耕种，他甚至到了绝粮的境地。方孝孺对此倒也达观，笑着对家人说：古有三旬只吃九次饭且家中无丝毫粮食的人，可见穷困的不止我一个人啊。而且天下能真正遂得心愿的人总是少数，难以达到愿望的人遍地都是。我为自己忧虑，又和别人有什么区别呢？所以在《与郑叔度八首》之七的结尾，方孝孺也作了一个简单的总结：我的贫困已经超过古人了！但是贫富贵贱，难道是学道的人应该挂在嘴上的吗？

也就在这一年，方孝孺患上了非常严重的疟疾。尽管故交送来良药，姻亲赠以美酒，但这个病却非一时半刻可以好的。方孝孺成了一个走在路上摇摇晃晃，连儿童看到都会发笑，样貌如同年老且生病的人，"行步儿童笑，形容老疾如"。如果说仅仅是肉体的羸弱尚可以忍受的话，那么积弱的身体影响到了他的视力，继而影响到了他的阅读，连借以解闷的书都不能看了，这对方孝孺来说实在是一种巨大的折磨。

洪武二十年，因为邻居的仇家触犯刑律，在被捕之时，信口编造罪名殃及方孝孺的叔叔方克家，言词中又涉及方孝孺，于是，负责刑律的部门将方孝孺全家数十口人都押送京师。朱元璋特准释放方孝孺并携带妻儿归乡，好让其回家侍奉年迈的祖母。但年迈的祖母经不起打击，这种无妄之灾让她在第二年初就离开了人世。

在这十年里，方孝孺除写了上述一些著作之外，另有《周礼考次》《武王戒书注》《宋史要言》《大易枝词》《文统》等理论著作。在诗作方面，方孝孺也有若干古体诗和近体诗流传下来。

在《周礼考次》的序文中，方孝孺首先讲述了自己之所以做这件工作的原因。其一，晚周之后，圣人之言被诸侯所抛弃，而《周礼》又是其中最为诸侯所厌恶的一本书，所以，《周礼》在秦朝焚书之前就已经消亡了。另外，一些官吏为了作奸弄权，也会将《周礼》之法藏起来，使人民看不到，无法据此而力争。假如每家都有《周礼》一册，则人通其意，那些官吏又怎么会有机会擅权犯科呢？周朝的法度严谨，严格区分等级上下、朝聘礼仪，制定了奖惩的标准；以大道来教导人民，用"义"来教化人民，让他们怜恤乡邻、尊重上级。这点是战国诸侯最为厌恶的，所以他们不愿让人民听闻大道，也就更为积极地删削《周礼》，务去之而后快。当代所流传的，是《周礼》在经历了诸侯破坏之后幸存下来的残余，经过汉代儒生的增补，并非《周礼》的原貌和全貌。所以，现存的《周礼》略于言宏大之理而详于言琐细之事。直接的后果是那些烦琐细碎的内容多而真正经世治用、教化人民的方法少。周公在编写的时候本来是不会这样粗疏的。那些真正重要而光明正大的内容因为不合诸侯之意而被删削，仅有部分无关乎政治得失的文字幸存下来，尽管如此，也是纷乱失序、排列错杂，让人难明其意。

文末方孝孺总结道，周公所作的典则，即使是孔子也曾经认真学习过，现在保存下来的也就是这本书了。学者应该倾尽心力予以研读，而切不可忽视，又怎么可以予以怀疑呢？我之所以作这本《周礼考次》，并非是疑周公之经，是因为想要探究周公之意而不可得，所以才辨其得失，以求合乎周公当时的本意。假如我果然能合于周公之意，我又怎么敢仅仅为避"乱经"之名就不去做这样的工作呢？

《武王戒书注》见于《大戴礼记》，共三十三章。这本书在当时并不为一般的学者所重视，因为他们的心里只有六经，也只相信六经。但是方孝孺认为，虞夏商周之书中有很多散落的事件和有益的语言都是超出六经的，而且是可以取信的。这样的例子非常多，比如说《盘铭》不载于《尚书·商书》，但曾子却称扬它，所以与经书并传，成为万世的训诫。《政典》不被列入《尚书》的百篇文目之中，而它的语言却被后人所传诵，最终成为《尚书·夏书》之首。今天，《武王戒书》遭到的命运让方孝孺觉得很悲哀，他认为，这毕竟是姜尚从古代的先辈圣王那里接受并传之于武王的。武王将之铭刻于器物上，用以训诫自己和子孙。那些好的语言，与《诗经》《尚书》的精要大义又有什么区别？学者仅仅因为它并非经书就排斥它，难道不是错误吗？因此，方孝孺为它注解大意，以示于后世来者。

在这一时期，可以表现方孝孺思想的诗歌是古诗《闲居感怀十七首》。

在这些诗歌中，可以看出方孝孺的胸怀抱负，将以有为的雄心和自信。如第二首中，他以凤凰自比，白昼伴随天风飞舞，日暮就栖息在梧桐枝上。而猫头鹰们一边吃着腐鼠一边笑话凤凰要忍饥挨饿。凤凰眼望八荒，不为所动。因为它知道不顾廉耻满足口腹之欲是容易的，但它所看重的乃是千秋万代的名声与影响。

但有些时候，方孝孺作为一介文士，手不能缚鸡、家徒四壁，尽管满腹经纶却不为世人所重，他的内心也会流露出一些落寞和不平。比如第四首说："贤有四海志，家无一金资。言高力不足，举世争笑之。不如富侠子，钱刀散孤嫠。闾阎称行义，赫赫名声重。"他虽然自认为贤能，胸怀四海之志，但是家中环堵萧然。虽然经常有许多高妙的议论，却没有什么真正的实力，所以举世之人都仿佛在争相笑话他这个满口大言却百无一用的人。相比较而言，那些富贵人家的豪侠子弟，往往可以真正地扶贫济困，施舍钱财给那些最需要的孤儿寡妇。这样的行为自然会受到乡邻交口称赞，使美名传于四方。从中可以想见方孝孺的无奈。

有时，方孝孺的不平又隐隐地表现为对于时代和机遇的感慨。如第三首中有"乘时功易立，处下事少成"句，说如果能够赶上一个好的时代是容易成就功业的，但身居下位则很少成功。又说："君看萧曹才，岂若鲁两生。"他觉得即便是汉初名相萧何、曹参那样杰出的人才也不及鲁地的两个书生。关于

"鲁二生"的记载出自《史记·刘敬叔孙通列传》，讲的是为汉朝制定朝制礼仪的叔孙通征召鲁地儒生三十人入朝，其中有两人不肯从流，后来他们就成了保持儒家节操，不与时俗同流合污的代表人物。虽然流俗之人都为那些豪杰人物的成就所震惊，但他们不知道的是那些默默无闻的刀笔文士，本来也是有公卿之才的。

在这一系列的诗歌中，方孝孺也表示出了对于世风日下的愤激。第十二首中写道：当今社会，大道已经丧失，学术为之凋敝，士子们的思想也逐渐变得污秽卑下。他们为了利禄不惜使用排挤的手段，甚至节行都荡然无存也在所不惜。再来看看古人，他们可以安守节义，有所不为。而用今天人们的眼光看来，他们身死于泥土之中正是最合适的结局。

在第十四首中，方孝孺表现了他重德行、轻利禄的思想。他说，心中的大道一如丘山之重，而身外名利恰似秋毫之轻。无人知道身处陋巷的那个士人，心中却将那些簪缨的高官显宦视为尘土芥子一般渺小。

八、授课汉中，兼蜀王世子师

在这十年里，方孝孺也结交了很多慕名而来的朋友，他们或在缑城里或在石镜精舍，往复论辩相得甚欢。对于朋友的到来，孝孺是非常高兴的，经常是倒屣相迎。见面之后，经史子集无所不谈，国事家事事事关心。谈论过后往往就留这些高朋歇宿于缑城里或石镜精舍，同榻而眠，亲如弟兄。这种快乐的经历在《再次石镜会集韵三首》《郭西精舍士友同宿》《游西镜山访亲友会集诸公回途有作》中多有记载。

洪武二十五年（1392）年底，因为朝堂大臣的荐举，方孝孺又一次被朱元璋征召入京。尽管朱元璋仍然坚持自己的观点，认为现在并非使用方孝孺的好时候，但是，朝中大臣的交口称赞与举荐，使朱元璋最后还是给了方孝孺一个汉中府学教授的职务，令他在次年年初赴任。朱元璋不仅赐予行旅资费，而且还诏命沿路的驿站为方孝孺供以舟车。自此，方孝孺算是与自己将近十年的闲适自得的日子告别了。

洪武二十六年初，方孝孺踏上了前往汉中的旅途。随行的有妻子郑氏、儿子方中愈、长女方贞和尚在襁褓中的次女方淑。在途经夔州的时候，他祭奠了恩师宋濂。念及恩师平素待己之厚、责己之周、望己之重，他不禁悲从中来，不可遏制。

经过几个月的旅行，方孝孺一家在当年的闰四月到了汉中。到任之后，孝孺就像他父亲当年一样，每日与学生讲学不倦。他讲学往往从黎明就开始，而且有意识地吸收父亲当年讲学的方法，以打通诸经为手段和形式，以贯通文章含义为方法，以光大王道为最终目的。这种方法对于当时的学生来说非常富有吸引力。因为一般的私塾先生多以死记硬背为教学的不二法门，打通诸经，阐释大义，是他们不能想象也难以做到的。

这样的教学显然收到了很好的效果，据记载，光旁听的学生就有数千人之多。也就在这一年，四川省布政司决定由方孝孺主持秋闱。所谓"秋闱"，是科举制度中乡试的借代性叫法。乡试是由南、北直隶和各布政使司举行的地方考试，每三年一次，逢子、午、卯、酉年举行，又叫乡闱。考期在秋季八月，故又称秋闱。考试的场所称为贡院。考试分三场，分别于八月九日、十二日和十五日进行。乡试考中的称举人，俗称孝廉，第一名称解元。如唐伯虎因为乡试第一，故称唐解元。秋闱刚刚结束，京师又征召方孝孺到京城参与主持会试。在此次的会试中，方孝孺取了八十八名贡士。

洪武二十七年（1394），在蜀献王的一再请求之下，方孝孺最终同意做献王世子的老师。据《明史·诸王列传》记载，蜀献王朱椿是太祖朱元璋的第十一个儿子。他天性纯孝慈爱，而且博览群书，行止闲雅，朱元璋称他为"蜀秀才"。他曾经驻于凤阳，延请李叔荆、苏伯衡商榷文史。洪武二十三年，他到达自己的封地成都。刚到封地，就聘方孝孺为世子师，以劝导蜀人向学之心。而且献王还亲自到郡学参讲，在接触到郡学教授的时候，发现他们生活贫困，就将自己的俸禄分出一部分来补给他们每月一石粮食，此后就固定了下来。献王甚至还为长史陈南宾制造"安车"，即一种比较平稳的车，以示抚慰劝勉之意。听说义乌的王绅非常贤能，献王也将他延聘至蜀，待以上宾之礼。王绅的父亲死在云南的时候，他还为其收集遗骨，并资助丧葬费用。在吏治上他也革除了一些弊端，并击败了藩人入寇，所以口碑不错。史书上说他以礼教守西陲，西蜀之人由此安乐，日益殷富，川中二百年不受兵革之害，都是蜀献王朱椿的功劳。朱椿的大局观也很好，当燕王朱棣举兵推翻建文帝称帝后，朱椿主动朝贡，保障了中央王朝和蜀王府的和谐相处，维持了蜀地的安定局面。明代的亲王都是世袭制，朱椿之后共传了四世七王，史书说他们都继承了家风，都是恪守礼法，好学能文之人。

朱椿看中方孝孺主要源于他的道德文章。当然，对于他的推崇也带有很大的号召意义。献王为孝孺读书的草庐亲自题写了"正学"匾额，以劝蜀人向学。除此之外，蜀献王还帮助方孝孺实现了两大夙愿：迁葬宋濂庐墓、接济宋氏子孙以报师恩。方孝孺早年祭告宋濂时曾发誓说："思公体貌，尚寓于夔，哀公子孙，桑梓是怀。……告于天王，返葬以礼。""或周其艰，或开其昏，凡力可为，不忘公恩。"另外，方孝孺还有更大的心愿，就是有朝一日朝廷能为宋濂平反昭雪。但在太祖统治之下，这显然远远超过了蜀献王力所能及的范围，这个心愿最终是由建文帝来替他实现的。

为何方孝孺已经为官，但周济恩师的家人还需要假旁人之手？要明白这一点，首先必须了解明朝的官俸。《明史》中说，自古以来官俸都没有像明朝这么微薄的。以明臣海瑞为例：万历十五年（1587）十月，七十四岁的海瑞以老病之身卒于官舍。同乡苏民怀检点其遗物，只有竹笼一只，内有俸银八两、旧衣数件而已，因而只得靠士大夫凑钱买棺才得以下葬，真所谓"萧条棺外无余物，冷落灵前有草根"。方孝孺当时作为汉中的府学教授，官阶为从九品，每月的俸禄仅为粮五石多，钞两贯半，连维持一家五口的吃饭用度都极艰难，想要周济恩师的家人就更不可能了。

方孝孺在成都蜀王府期间写成了《帝王基命录》（已失传）。他在汉中任职的五年中，总体上来说，生活较为安定，课徒、著述是他在这一阶段最为主要的事务。他与蜀王的交往也给他带来了难得的友情。

然而就在这几年中，朝廷内部却暗流涌动。洪武二十五年，皇太子朱标去世。此后数年，朱元璋的第二子秦王、第三子晋王也相继死去，第四子燕王朱棣位列诸王之首。明太祖朱元璋已经英雄迟暮，他对自己给皇太孙朱允炆留下的这种一王独尊、群王拱翼的局面深感不安。为了让皇太孙顺利登基，临终之际，朱元璋曾作过一番颇为周详的安排，召老成持重的驸马梅殷和皇太孙朱允炆到榻边，对身后之事一一嘱托，并委以遗诏。

朱元璋死后，年仅二十二岁的皇太孙朱允炆登上皇位，成为大明王朝的第二位皇帝，即建文帝。

九、辅佐建文，改洪武弊政

建文帝很早就听说了方孝孺的贤名，即位后便一纸诏书将他召入帝京。方孝孺多年的愿望终于实现，从此步入他人生中最辉煌的时期。

方孝孺进宫后被任命为翰林侍讲，次年迁侍讲学士。虽然品级不高，仅为从五品，但是已成为建文帝的近臣。无论是讨论国家大事，还是为建文帝读书释疑，他都是建文帝身边不可缺少的人物之一。方孝孺的才学终于有了用武之地，朝廷撰修《太祖实录》《类要》等书，都任命他为总裁。皇帝的信任和尊重，让方孝孺心怀感激。他忠心辅佐年轻的新皇帝推行仁政，重振纲纪。建文帝自幼生长于宫廷，受到传统儒家教育，在如何治理国家的问题上，他与太祖朱元璋持不同见解。建文帝首先改变朱元璋事必躬亲的做法，适当地放权给大臣们，而且还注意听取大臣们的意见，朝中由此形成了一种比较宽松的氛围。建文帝以仁义礼乐为主要指导思想所采取的一系列变革措施，后来被史家称为"建文新政"。

建文新政中最重要的内容就是宽刑狱。建文帝推行"宽仁"之政，而方孝孺提出的"以德为主，以法辅之"的德治思想与建文帝的执政原则不谋而合。在方孝孺的参与下，建文帝平反了一大批冤假错案。最直接的成果就是全国的囚犯人数比以往减少了三分之二。

裁并州县，精简机构，更定官制，也是建文新政的内容，而且历时比较长，直到建文四年还在持续。建文帝在经济方面也有所举措，一是减轻江浙地区的沉重赋税，二是准备推行井田制。方孝孺认为实行井田制可以抑制土地兼并，有利于社会的稳定。但是限于历史条件，井田制并没有真正实行。新政实行几年之后，取得了很好的成效，社会风气明显好转，而且赢得了民心，年轻的皇帝得到了百姓的拥戴。

建文新政中还有一个主要内容，就是削藩。各地诸王拥兵自重的局面，让建文帝深感不安。方孝孺虽然不是削藩的主事者，但他也是这一举措的有力支持者之一。

建文帝决定采纳兵部尚书齐泰、太常寺卿黄子澄的建议，削弱诸藩，以巩固中央集权。诏令一下，不到半年时间就有五位藩王或废或死。当时身在北平（今北京）的燕王朱棣感到此举必将祸及自身，于是先下手为强，扯起"保卫亲藩"这面旗帜，并说："我此行在诛奸恶，以清朝廷，奠安社稷，保全骨肉。"经过一番精心的策划，朱棣打出了"诛奸臣""清君侧"的口号，直指黄子澄、齐泰为奸臣，于建文元年七月正式起兵，开始与官军作战。经过三年多的苦战，朱棣于建文四年六月攻克南京，登上了皇帝的宝座。早先，朱棣从北平出发的时候，姚广孝似乎有先见之明，把方孝孺托付给他，说："金陵城攻下的时候，方孝孺必定不投降，希望你不要杀他。杀了方孝孺，天下就没有传宗接代的读书人了。"朱棣点头允诺。

当初建文帝、方孝孺等人奉行儒家仁义治国的理论，推行一系列的改革，很得民心。但是他们缺乏政治斗争的经验，无法对付来自燕王朱棣的威胁。长达四年的战争将建文帝和方孝孺等人逐渐推向了绝境。朝廷中能够带兵打仗的武将，在洪武朝已几乎被朱元璋赶尽杀绝。现在，上至文弱的建文帝，下至满腹经纶的方孝孺等人，面对来势汹汹的燕王朱棣都束手无策。

建文三年（1401）五月，前线战事节节失利，方孝孺忧心如焚。这时，他的学生林嘉猷献上离间计。朝廷正无计可施，建文帝就同意了这种做法，命方孝孺给燕王世子朱高炽修书一封，企图离间他们父子的关系。没想到朱高炽生性谨慎，收到书信，根本就不启封，连人带信都交给了燕王。离间计失败了，举朝上下更是一筹莫展。方孝孺此时的心境正如他在《闻鹃》这首诗中所写的一样悲凉，大势将去的悲哀深深地笼罩在方孝孺的心头。一样的鹃声，不一样的心境，"物是人非"的感伤在字里行间流露出来。

内战进行到建文三年，南北双方胜负相当，燕王攻下的城池，在退兵后往往又很快被朝廷收复，所据地方不过北平、保定、永平三府。到建文四年，朱棣探知了京师的虚实，于是采取避实就虚的策略，绕过朝廷重点设防的地区，直奔京师南京。先是在年初突破山东防线，绕过驸马梅殷统领重兵驻守的淮安，渡过淮河，五月夺得扬州，六月渡长江，进围南京。六月十三日，谷王穗及李景隆开金川门迎降。随后宫中火起，建文帝不知所终。这场叔侄争夺皇位的大战以燕王朱棣的胜利而结束。朱棣登上皇位，是为明成祖，年号永乐。朱棣将齐泰的叔父齐阳彦、堂弟齐敬等七名亲属执于京师（南京）处死。同年六月五日，齐泰亦被执至京师，不久与黄子澄等同被斩首。

齐泰的其他家属亦牵连被害。

建文朝的遗臣们面对旧君新主，也都作了不同的选择，有的自杀殉难，有的投身新主，还有一些大臣退隐山林，从此销声匿迹……方孝孺既没有自杀，也没有投靠新主，更没有退隐，而是走向了另一个奇特的结局。

第2章

方孝孺与三朝帝王

一、遇太祖而不见用

方孝孺的一生，不汲汲于奔走富贵，其生平行止也并不复杂。如果以三朝帝王为脉络，其去就出处就更加明显，其政治生涯就里也就更为清楚。

孝孺生于元朝的至正，至正灭而有明，对他有影响的也主要是明，所以对元存而不谈。对于方孝孺来说，洪武朝发生的几件大事与他致命相关：一是空印案使其父赍志而没，二是胡惟庸案使其尊师含辱而见放。

朱元璋草创大明基业后，理应到处罗贤，但是在开国后，甚至终洪武一朝，孝孺都不被任用。这缘由还得从明初特定的政治和社会环境谈起。

明朝经过前期的统一战争，江山已经稳固，但是统治集团内部的矛盾却逐渐显现出来。朱元璋当了皇帝，最早跟他南征北战打天下的将领也大多高官厚禄，荣华富贵。这些人中的淮西勋贵逐渐成为一个庞大的势力集团，掌握着军政大权，并极力排挤其他大臣，维护他们的政治垄断地位。这种"君弱臣强"的局面是朱元璋绝不允许存在的。为强化皇权，他遵循以猛治国、重典驭下的政治方略，采取了一系列的严厉措施，凡是妨碍皇权专制统治的人物一概铲除。朱元璋以胡、蓝党案为切入点，几乎诛杀了全部的开国功臣。方孝孺倡导的是"以仁义治国"，他的理论和观点与洪武朝血雨腥风的政治环境、朱元璋"治乱世，用重典"的思想格格不入。虽然朱元璋对他的才学和人品比较赞赏，认为他是个出色的人才，但是朱元璋作为一个杰出的统治者，深知才非所用，不如不用。他所说的"今天不是用方孝孺的时候"，就精当地表明了方孝孺不被起用的一个重要原因。

另外，从学问人品来讲，方孝孺虽得最高统治者的赞赏，却仍被排斥在权力阶层之外，无疑是因为他的学术思想中含有不能为现实所接受的成分。方孝孺的学术思想，被认为是"上复先秦古学，下开近世风气"。明清之际的思想家、史学家黄宗羲将其学术渊源直接系于伊、周、孔、孟之后，他在《明儒学案》的《师说》篇中论及方孝孺时说："神圣既远，祸乱相寻，学士大夫有以生民为虑、王道为心者绝少。宋没，益不可问。先生察绝世之资，慨焉以斯文自任。会文明启运，千载一时，深维上天所以生我之意，与古圣贤之所讲求，直欲排洪荒而开二帝，去杂霸而见三王，又推其余以淑来撰，伊、周、孔、孟合为一人，将旦暮遇之，此非学而有以见性分之大全不能也。"而方孝孺学术思想中最为今人重视的是他的某些政治思想，较前人尤多创新。近人萧公权曾将方孝孺的政治思想概括为政治原起、君主职务、宗法井田、民族思想"四端"，认为就政治之目的言，方氏立论一承孟子贵民之教，认定君位以君职而尊，非本身有可贵之性。君职一篇，大明此义，其畅晓切实之处，虽孟子殆有未及。

方孝孺继承孟子衣钵处，是明确提出了立君养民的主张。他认为："夫人民者，天下之元气也。人君得之则治，失之则乱，顺其道则安，逆其道则危。其治乱安危之机，亦有出于法治之外者矣。""天之立君也，非以私一人而富贵之，将使其涵育斯民，律各得其所也。""天之意以为位乎民上者，当养民，德高众人者，当辅众人之不至。……臣不供其职，则君以为不臣；君如不修其职，天其谓之何?"所以他警告说："治天下者固不可劳天下之民以自奉也。"联系到明初的政治环境，方孝孺的立君养民说，以及"怒而延绝之"的思想，既是孟子的"诛独夫""汤武革命论"理论上的自然延伸，也是对朱元璋极端君主专制制度的激烈驳斥，具有明确的现实意义。

由此可见，方孝孺无论是学术思想还是政治思想都与朱元璋不相投。而方孝孺的政治生命始于建文帝即位之后，那确实是难得的历史机遇。史称建文帝"行宽政，赦有罪"，为政具有矫正太祖严刑峻法的明确意识，这使方孝孺与建文帝找到了共同的政治基础。尽管方孝孺关于井田、封建等的主张，和改官制、裁冗员等举措，实有迂腐阔远之处，但君臣相得甚深，对太祖猛政的矫正也并非一无所得。因此，建文一朝的仁政虽然为期甚短，却深得民心，得到后世的长久怀念。

二、与建文的切磋琢磨

古往今来，不少饱学之士一生都没有得到施展才华的机会。和他们相比，方孝孺还算是幸运的。一朝天子一朝臣，等到建文帝登上皇位，方孝孺不但被起用，还得到了重用。此时的大明王朝经过朱元璋三十多年的励精图治，已经相当稳固，皇权已经高度集中到了皇帝的手中。朱元璋认为自己已经给皇太孙朱允炆扫平了一切障碍，虽然存在各藩王尾大不掉的隐患，但是表面上还是个太平盛世。更何况建文帝自幼接受了正统的儒家教育，奉行仁义治国的理念，与方孝孺如出一辙。君臣二人关于崇尚礼治、实行仁政的观点更是完全一致。此时无论从政治环境来讲，还是从统治者来看，都给方孝孺提供了一个展示才华的绝好舞台。所以在建文朝，方孝孺能够得到重用也就不足为奇了。

从建文登基到成祖篡位，可说是建文帝与孝孺君臣相知相得的四年。

建文登基后，"凡兴宗皇帝（朱标）所欲行而未遂，天下所愿欲而未得者，皆举而行之"。他在嗣位诏书中就指出，"德惟善政，政在养民"，宣称要"永维宽猛之宜，诞布维新之政"，并"下明诏，行宽政，赦有罪，蠲逋租巨万计"。方孝孺随后就被建文帝急召入京为翰林侍讲，"国家大政事辄咨之"。方孝孺继承老师宋濂的未竟之志，以儒家仁义礼乐治国理念为指导，悉心辅佐建文帝实施新政，开始着手改变洪武专制局面。他的好友门生在这一时期也纷纷进入中央政权，以金华、台州为主体的浙东第二代士大夫群体在洪武苛政的严冬中长期蛰伏之后，终于迎来了政治上的春天。建文元年修《太祖实录》，方孝孺任总裁。同年，追念宋濂为建文帝父亲的老师，召宋濂之孙宋怿官翰林侍书，实际上是为宋濂平了反、恢复了名誉。

在建文朝，对其政治产生过重大影响的就是浙东士大夫。浙东士大夫中，对建文帝影响巨大、在新政过程中起关键作用的又首推方孝孺。方孝孺作为侍讲学士，官阶不过从五品，但他自从应召来京，就进入了政权决策的核心圈，一直是建文帝治国的首席参谋和总顾问。如前所述，建文帝之所以对方孝孺如此倚重，是因为建文帝长期受儒家思想熏陶，恢复上古三代之治是他想要实现的政治理想，但到底该如何具体实施，他却不是很清楚，这就需要有名儒加以指点。方孝孺是朝野公认的名士大儒，道德学问均为当时之冠，在儒家士大夫中具有极高的声望和影响，而且他仁义治国的主张与建文完全契合，因此建文帝起用方孝孺后，待之如师，不仅读书每有疑问即召其讲解，国家大事也随时向他咨询，"临朝奏事，臣僚面议可否，或命孝孺就扆前批答"。此时的方孝孺真可谓是遂心得志："斧扆临轩几砚闲，春风和气满龙颜。细听天语挥毫久，携得香烟两袖还。风软彤庭尚薄寒，御炉香绕玉阑干。黄门忽报文渊阁，天子看书召讲官。"为报知遇之恩，同时实现自己治国救民的夙愿，方孝孺忠心辅弼建文帝治国，直接参与各项政治改革的筹划。他甚至可以被看作建文新政蓝图和总体构想的总设计师，因为几乎当时所有出台的改革方案都是以方孝孺的治国方略作为思想理论基础的。以下就是孝孺参与的建文改制，也称"建文新政"。

1. 重视礼义教化，以德治国，矫正洪武政治滥法任刑之弊。方孝孺主张治天下当以德为主，以刑为辅，强调礼义教化要优于刑法。他说："治人之身不若治其心也。使人畏威，不若使人畏义也。治身则畏威，治心则畏义。畏义者其于不善，不禁而莫能为，畏威者禁之而莫敢为，不敢之与不能，何啻霄壤谷。"他认为法制只能治标不能治本，"养心莫要于礼乐"，应该通过教化移风易俗，使人民知廉耻。所以为治之道，"不恃斯民畏吾之法，而恃其畏乎名，畏乎义"。这种重礼教、德治的思想深为建文帝所嘉纳。建文帝"一言一语，务崇宽大，任德缓刑"，亲自教诫掌刑官吏们说："《大明律》，皇祖所亲定，命朕细阅，较前代往往加重。盖刑乱国之典，非百世通行之道也。夫前所改定，皇祖已命施行。然罪可矜疑者，尚不止此。夫律设大法，礼顺人情，齐民以刑，不若以礼。其谕天下有司，务崇礼教，赦疑狱，称朕嘉与万方之意。"他还"宁屈国法，而不忍以法病民"，奖赏廉平之吏，平冤案，清刑狱，"罪至死者，多全活之"。建文元年，"刑部、都察院论囚，视往岁减三分之二"。

2. 放权朝臣，实行君主与士大夫共治天下，扭转太祖肇始的专制皇权空前强化的趋势。太祖雄猜多疑，采取挑拨分化、鼓励告评、特务监视、恐怖屠杀等手段来控制朝臣，并且废中书省和丞相，大权独揽，建立独裁统治。方孝孺严厉批评太祖恃威自用，驭士如奴，认为："君臣之际有常礼，上不以尊而威其下，下不以卑而屈于上，道合则仕，否则引而退，不宜以鞭笞戮辱惧之也。"针对太祖逞一己之智，事无巨细，一手独揽，方孝孺在《深虑论》中尖锐地指出："以为群臣举不足信，而必欲使天下之事皆由己出，故往往流为苛细深刻，而亦卒底于亡。此非不能为政也，不知为君之道者也。……然则，欲治者将何先？曰：明以择人，诚以用贤。"方孝孺所要求的就是皇帝礼贤下士、虚心纳谏，与贤臣士大夫适当分权，共理国政，这其实也是明初广大士大夫的共同心声。

3. 以民为本，调整赋役，减轻人民负担。方孝孺的政治思想与中国历史上儒家传统的民本思想是一脉相承的，他根据孟子的"民为贵，君为轻"之意，进一步发挥说：上天立君主，是为了百姓，不是让百姓来服侍君主的。……如果所立君主无益于民，那还要立他干什么呢？强调君主治民要本乎仁义，顺应民意，"行民之所愿，除民之所恶，唯恐有所弗及"。建文帝在这一点上做得也比较好，他清心恭己，轻徭薄赋，"宁网储积，而不忍以敛妨农"，即位当年十二月，下令第二年全国田租减免一半；元年二月，赐老年人米肉絮帛，赈济灾贫民，旌节孝等等。二年二月，下诏均江、浙田赋："国家有惟正之供，江、浙赋独重，而苏、松官田悉准私税，用惩一时，岂可为定则。今悉与减免，亩毋逾一斗。苏、松人仍得官户部。"无怪乎方孝孺称颂建文帝是"民所愿欲，宵旰推行。其所畏恶，绝于未萌"。

4.复古改制，参照《周官》法度改定职官、殿名。方孝孺热衷于恢复古制，素以"康斯民于无穷，续周统于既绝"为己志。方孝孺认为，《周官》之所载，"遗典大法，所以经世淑民者，秩乎明且备"。坚信只要"君以身任之而不夺于流言，臣以道揆之而不泥于近利，三年而成，十年而安。继乎其后者，能推而守之，武王、周公之治可几也"。年轻的建文帝受方孝孺影响，也对这一理想化的政治蓝图孜孜以求，典章制度锐意复古，支持方孝孺按照《周官》记载，对许多官制名称作变更：诸如通政司改名通政寺，通政使改称通政卿；大理寺改名大理司，大理寺卿改称大理卿；改户部为民部；改都察院为御史府等等。同时，对殿名、门名也作了变更：例如将承天门改称皋门，改午门为端门，端门为应门，大明门为路门，又改谨身殿为正心殿等等。但实事求是地说，建文朝廷当时首要的任务是平定燕王朱棣的叛乱，在前线战事连连失利的形势下，汲汲于这些不要之务，显然是没有分清轻重缓急。而一系列的名称变更，也给朝廷的政务带来一时的不便。不少人认为这是方孝孺的一大败笔。

5. 试图恢复井田之制。方孝孺复古改制的思想发展到极致，甚至想恢复周代的井田、乡间制度。他始终认为："井牧变，而民无定志；比间族党变，而乡无善俗。"认为只有恢复井田、乡间制度，才能从根本上解决社会弊端："定天下之争者，其惟井田乎？弧天下之暴者，其惟比间族党之法乎？"方孝孺自言："余亦有志于古，凡井田、封建之法，三代之大典，未尝不究而知之，思而欲行之。"其中的井田制更是被他看作行仁政之基础和关键所在。方孝孺指出："孰非民乎？孰富孰贫乎？孰衣文绣？孰如悬鹑乎？屈为佣隶，天宁不仁乎？仁莫如井田。"不行井田，不能均贫富，贫富悬殊，仁义何在？故"欲行仁义者，必自井田始"。可见，方孝孺希望通过实行井田制抑制土地兼并和贫富分化，从根本上消除动乱之源。方孝孺欲复井田其实在很大程度上是受胡翰和宋濂的影响。胡翰专门有《井牧》一篇说："井田者，仁政之首也。井田不复，仁政不行，天下之民始敝也。……天下之田可井也，事不劳者不永逸。欲长治久安而不于此图之，亦苟矣！"宋濂在评论宋人林勋著《本政》书欲渐复三代井田之法时说："均田之法不行，兼并之风不息，虽尧舜复生，不足以言治也。"欲行井田的愿望是美好的，但时移世易，井田这种两千年前的古制移植到当时必然是行不通的。因此，方孝孺欲行井田之时，朝内反对的声音很大，甚至他所在的浙东士大夫群体内部也有不同意见，方孝孺的好友王叔英就相劝说："事有行于古，亦可行于今者，夏时周冕之类是也。有行于古不可行于今者，井田封建之类是也。可行者行，则人从之也易，而民乐其利。难行而行，则从之也难，而民受其患。"再加之靖难兵起，朝廷战局急剧恶化，因而在建文帝推行新政的过程中，方孝孺复井田的政治构想并没能真正付诸实施。

方孝孺等在辅助建文帝实施新政的过程中，由于急于求成和墨守古制，或多或少存在着一些不足之处，但总体来看，新政对当时社会还是有积极意义的。一方面，新政的基调是对洪武时期过苛过严的集权控制方式进行调整和矫正，而且实施四年来的确取得了一定的成效。李贽评价说："我太祖以神武定天下，非不时时招贤纳士，而一不当则斥，一得罪则诛。盖霜雪之用多，而摧残之意亦甚不少。建文继之，专一煦以阳春。"故当时饱受洪武苛政的人们普遍有"四载宽政解严霜"之感。

而另一方面，新政对君主与士大夫权力分配体系也有所调整。从帝制的政治体制来说，君主是国家至高权力的拥有者，天下无人能出其右。故如何有效防止君主滥用权力，将其限制在可接受范围之内，是历代士大夫们都十分关注的问题。西汉董仲舒提出"天人感应"说就是试图通过"天"来制约君主，寄希望于君主能够"敬天""畏天"，上不敢逆天意，下不敢违民心，以免遭受灾异、祸乱等天惩。但这毕竟失于虚无空幻，故士大夫又用德、礼、仁、义等儒家学说来劝导和约束君主的思想行为，使其不致偏离社会道德准则过远，为所欲为。再从制度上看，朝廷有谏官、言官之设，有权对君主不当行为进行规劝进谏，又有宰相统领百官，代君主分理政务。洪武年间太祖过度强化君权，传统士大夫政治模式受到严重破坏。经过建文新政，士大夫对君主权力的制衡机制在一定程度上得到恢复，此乃新政的另一层重要意义。

　　建文朝也有很多政策是洪武朝政策的延续，建文帝轻赋税，就是朱元璋经济政策的延续。但是建文的仁柔，确实既与其前任朱元璋的专制恐怖形成鲜明对比，又与其后任永乐皇帝的"穷治建文奸党，为民厉"形成对比。永乐一即位，就明确宣布废除建文的减租令，这种种对比在民众心理上所产生的影响是不可忽视的，以致建文四年政事虽无确考，但建文之德却在民众中口耳相传，且越来越被民众在记忆中加以理想化。至万历时顾起元《客座赘语》卷一"革除"条犹记载民间所传建文盛德："父老尝言，建文四年之中，值太祖朝纪法修明之后，朝廷又一切以惊大行之，治化几等于三代。一时士大夫崇尚礼义，百姓乐利而重犯法，家给人足，外户不阖，有得遗钞于地，置屋檐而去者。及燕师至日，哭声震天，而诸臣或死或遁，几空朝署。盖自古不幸失国之君，未有得臣民之心若此者矣。"

　　以建文帝为理想仁主，最典型的例子就是野史载靖难中建文颁不杀叔父诏及论立太子二事。不杀叔父诏，《吾学编》将之系于建文二年冬十月，而《建文书法拟》正编（上）则认为是建文元年八月事，其时为建文遣将北征之际。

　　建文帝虽然输掉了皇位，但他短暂的四年统治却在历史上留下了深刻的印记。他努力改变朱元璋的严刑峻法，纠正其在政治、经济政策上的过失，这些举措为他赢得了仁慈、仁德的声名，为后人永久怀念。他在这场内战后下落不明，虽然官方声称他自焚宫中，但民间大都愿意相信他逃亡在外，备尝艰辛却得其天年。

　　在辅佐建文帝削藩和靖难的过程中，方孝孺尽了自己最大的努力，却未能挽回败局。方孝孺作为建文帝首席文学近臣，当时朝廷削藩诏书、讨燕檄文皆出其手。方孝孺完全能够胜任当年宋濂的顾问和文学侍从角色，即在皇上身边宣讲道德，应奉笔墨，但要他同时兼任刘基的军师角色，运筹帷幄、决胜千里，那就有些勉为其难了。方孝孺一向不解兵事，认为"三代之盛未尝有兵书也。非惟无兵书，而兵亦非君子之所屑谈也"。军事谋略的确非其所长。因此，尽管方孝孺一直在尽心竭力地给建文帝出谋划策，比如说缓兵之计和反间之计等等，但事实证明那都只是一些一厢情愿和不切实际的设想，轻易地就被敌方给识破了，并没有取得多少实际效果。面对危局自己却回天乏术，方孝孺分外感怀刘基这样的定国英才。他在写给刘基之孙的诗中慨叹："帷幄谋谟三数公，君家中垂最潇洒。……庙堂谋议岂无人？我怀中垂泪沾臆。呜呼志士古所稀，留侯武乡今是谁？九原招公倘可作，为解四海苍生危！"到了战事后期，方孝孺更是一筹莫展，忧心如焚，他作《立春偶题二首》，其一为："万事悠悠白发生，强颜阅尽静中声。效忠无计归无路，深愧渊明与孔明。"《闻鹃》一首，读之更是令人恻然。诗曰：

> 不如归去，不如归去。
>
> 一声动我愁，二声伤我虑；
>
> 三声思逐白云飞，四声梦绕荆花树；
>
> 五声落月照疏棂，想见当年弄机杼；
>
> 六声泣血溅花枝，恐污阶前兰苗紫；
>
> 七八九声不忍闻，起坐无言泪如雨；
>
> 忆昔在家未远游，每听鹃声无点愁；
>
> 今日身在金陵土，始信鹃声能白头。

孝孺作为一代名儒，道德文章虽高，忠心耿耿，鞠躬尽瘁，但仅凭仁人君子之心去对付老谋深算的朱棣，自然难免在你死我活的政治斗争中处于不利。正所谓，"小人之谋害君子，其为心忍，为虑周，为计决，故君子多不能免；君子之诛小人，持以不忍之心"，不行以不轨之计，不足以为害，故反受其祸者甚众。"此天下所以治难而乱易，忠义之士于是无所成功也"。故也不能太过苛求他想出奇策妙计，去挽狂澜于即倒，救大厦于将倾。他最后以死报君恩，令后人扼腕叹息。

三、成祖的靖难和遭十族之祸

朱元璋在建立政权的过程中，极为重视对历史经验的吸取与借鉴。历史上各朝各代的兴亡更替，外戚、权臣、宦官的擅权独揽，地方守将、宗室的割据谋叛，都给朱元璋留下了深刻的印象。为了消弭这些潜在的威胁，朱元璋精心构建了明代政治制度，而宗室制度便是其中一个重要部分。

在朱元璋的设想中，宗室制度不仅要解决诸王在外，尾大不掉的隐患，更要使宗室成为"藩屏帝室"的中坚力量。按照这个构思，朱元璋建立了不同于以往朝代的宗室制度。皇帝诸子成年之后，即分派地方，世袭代替。宗室子孙人人都有爵位，岁岁皆食宗禄。朱元璋在给予宗室尊贵的地位及优厚的待遇的同时，又对宗室的权责作了明确的界定，即"分封而不赐土，列爵而不临民，食禄而不治事"。在他的规划中，王府与地方有司分属不同系统，宗藩"镇静藩屏""保卫宗社"，世代镇守地方；有司为朝廷所派，"总制一方""升迁调黜一应朝命。两者虽同处一地，但权责明确""事干王府者，遵祖训启王知之，有司合行事务，不许一概启请，推托利害；若王府事有相关即遣人驰奏，不待报而擅承行者，论以重罪"。王府护卫与地方驻军两相并存，互不统属。诸王若没有朝廷的敕告，则无权调动地方有司兵马。凡朝廷调兵，须有御宝文书给王及守镇官。守镇官既得御宝文书，又得王令旨，方许发兵。洪武年间秦王、燕王、晋王等边王纵横塞北，屡建奇功，都事先奉有敕旨，方得以征发地方驻军，如秦王被"委以兵事，得专行赏罚"；燕王朱棣在朱元璋在世时屡率诸将出征，乃是奉有谕令，令王节制沿边军马。同时规定凡守镇兵，不许王擅施私恩，防止地方藩王与有司官吏勾结，从而使之相互牵制，彼此监督。因而当朱棣准备起兵造反之时，不得不先设计擒拿了北平都指挥使谢贵、北平左布政使张昌，诛杀了试图抵抗的北平都指挥彭二等人，派兵攻夺北平九门，才真正控制了北平一城。

对于诸王，朱元璋命群臣采汉、唐以来藩王善恶事迹可为劝诫者，编订成书，名曰《昭鉴录》，颁赐诸王；洪武二十八年又颁布《皇明祖训》，告诫诸王不得怀有谋反篡位之心，明以"君臣之道"，希望用政治教育的方法，用制度、法律的约束，使藩王大臣忠心服从未来的小皇帝、朱家皇朝的族长。无论是从理论上，还是在实践中，都可以看到朱元璋亲手创建的这个宗藩制度在政治层面所透出的合理成分。

朱元璋本以为这样的设置，可以使这几千年来都未曾彻底解决的宗室问题，在他的手中有一个满意的完结。但这个制度依然暴露出了很大的弊端。朱元璋给予宗室兵权，在无形中埋下了宗室叛乱的隐患。此外，他对于宗室的厚养制度也给后来燕王朱棣叛乱造成了极大的便利。事实上，后来形势的走向也与他的设想背道而驰。

洪武三十一年（1398），朱元璋逝世，长孙朱允炆即位，深感"诸王以叔父之尊，多不逊"，尝问计于黄子澄："诸叔各拥重兵，何以制之?"黄子澄借此提出了削藩的主张，决定先从几个弱小的藩王下手。建文帝君臣解决上述诸藩时，行动极其果敢迅速，没有给他们一点反击的机会。但建文君臣在削藩过程中亦犯下了极大的战略错误：对待被削诸王过于冷酷。"诸王懊懊惴惴，吹毛之求无穷，舐糠之忧已及"，不仅使宗藩赢得了社会的同情，更使他们有了起兵造反的口实。朱棣起兵虽有被迫的成分，但也不可否认，在太子朱标逝世后，朱棣即萌发了继承皇位的野心，只是忌惮于自身实力的不足而隐忍未发；而此次建文帝削藩，朱棣明白自己已是危在旦夕，故而铤而走险，以"靖难"为名，发动叛乱。

与朱棣相较而言，建文除在军事上缺乏实战经验和军事素养外，另有两点也是不能忽略的：第一，建文手中缺乏良将。明朝开国元老遭朱元璋大肆屠杀，至建文登基之时，已所剩无几。当朱棣谋反的消息传到京师时，朝中实在派不出像徐达、傅友德、蓝玉那样骁勇善战的大将，只能起用耿炳文统兵进讨。而此时的耿炳文已经年过七十，再加上孤军独强，无力回天，自然不是朱棣的对手。第二，秦、晋诸王早逝。这一点，历史学家商传曾指出，秦、晋、燕等强藩皆分于北方，"互相牵制"，因此当秦、晋二王在世时，藩王的威胁尚不十分明显。但是秦、晋二藩病死后，燕藩独强的形势便明显了。加之建文帝举措失当，使得原本一场不太可能成功的"靖难之役"变成可能，朱元璋亲手选定的屏藩之王就这样移位而成为永乐。

朱棣篡位后，首先要做的事情，就是对那些曾经反对他的人进行疯狂的报复，无所不用其极。朱棣从他父亲朱元璋那里继承的除了雄心壮志、文韬武略外，还有残暴和苛刻。他对建文朝不肯与自己合作的大臣们进行了一次大清洗。燕王《报父仇书》中的"逆党"不包括武臣，这在战争期间比较容易解释，"文皇移檄远近，列奸臣罪，深恨左班文职，不及一武臣，意亦以阴收勋旧"。而在战乱之后的国家重建中，文臣的重要性实际上远远超出武官，永乐皇帝杀戮文臣，无疑是自掘根基，他之所以敢冒这样的风险，不过是为了掩盖更大的危机，也就是陈瑛所言的"不以叛逆处此辈，则我辈无为名"！成祖斫伤人才，自毁长城，被认为是对明之覆亡具有本原性意义的祸乱之源，这几乎是明清易代之后较为普遍的认识。

建文帝的主要谋士黄子澄和齐泰都被"族诛"。朱棣对抵抗最为坚决的铁铉恨之入骨，命人割下他的耳鼻，又砍碎他的身体。更令人切齿的是，朱棣还将这些建文忠臣的妻女发往教坊司，充为官妓，任人凌辱。不过，比起方孝孺的遭遇来，这些忠臣还不是最惨的，方孝孺被诛了十族，最为惨烈。

正当朱棣为正式登基而急于物色起草诏书的大臣时，有人推荐了方孝孺。朱棣听了大臣们的介绍后，立即宣方孝孺入宫。方孝孺身穿孝服，一路痛哭着走进了大殿。见方氏入宫，成祖朱棣离座相迎并好言劝说。他安慰方孝孺说：先生不要自寻烦恼，我是想效法周公辅佐周成王罢了。孝孺说："成王安在？"成祖说："他自焚而死了。"方孝孺说："为什么不立成王（暗指惠帝）的儿子做皇帝？"成祖说："国家仰赖年长者做国君。"孝孺说："为什么不立成王的弟弟？"成祖压住怒火说："这些是我家里的事。"他环顾左右叫人把纸笔给方孝孺，说："诏令天下，非要先生草诏不可。"不料，方孝孺愤然作色掷笔于地，且哭且骂，声言："死就死吧，诏书是绝不写的。"朱棣大怒，厉声骂道："偏不让你马上就死。你不怕死，难道也不顾九族吗？"方孝孺慨然答道："即使诛我十族又能怎么样呢？"

朱棣执意要他草诏，方孝孺取笔大书"燕贼篡位"四个大字，扔给了朱棣。为了迫使方孝孺屈从，朱棣将其家属、师友全部抓了起来。对此方孝孺破口大骂不止。在当年的六月二十五日，也就是朱棣登上皇帝宝座的第八天，就在南京的聚宝门（今江苏南京中华门）外杀害方孝孺。朱棣在盛怒之下割掉了方孝孺的舌头、双颊，血流如注的方孝孺竟含血喷向明成祖。朱棣怒不可遏，下令将其处以磔刑，即将其肢体分裂后悬首张尸以示众。方孝孺从容就死，临刑时仍漫骂不止，死时虚岁四十又六。方孝孺在临刑前曾作《绝命词》一首：

> 天降乱离兮孰知其由？
> 三纲易位兮四维不修。
> 骨肉相残兮至亲为仇，
> 奸臣得计兮谋国用猷。
> 忠臣发愤兮血泪交流，
> 以此殉君兮抑又何求？
> 呜呼哀哉兮庶不我尤。

诗中悲愤难平的心绪令人不忍卒读。被蜀王世子誉为"正学先生"、被乡人目为"小韩子"、被师辈称为"程朱复出"、被姚广孝激赏为"天下读书种子"的一代大儒方孝孺短暂的一生，以极其悲壮惨烈的方式随着建文一朝在历史上的消失而结束。

朱棣处死方孝孺之后，大肆株连方孝孺亲眷家族，实施"九族"之诛，再加上方孝孺学生的家族，共称"十族"，死者老少八百七十三口，被谪戍边的族众亲友不计其数，共行刑七日方止。

方孝孺对自己即将被杀，丝毫不感到畏惧。但是，当看到弟弟方孝友受自己的牵连，就要被砍头时，他深感痛心，泪流满面。方孝孺兄弟三人，感情很好。哥哥方孝闻早在方孝孺任职汉中府的时候，就已病逝。方孝孺听到噩耗，悲伤了很久。而今，弟弟又遭此劫难，方孝孺内心的伤痛无法言说。孝友却丝毫没有责怪他，反而在死前作诗劝慰其兄道：

> 阿兄何必泪潸潸，取义成仁在此间。
>
> 华表柱头千载后，旅魂依旧到家山。

自古以来，最严厉的刑罚莫过于诛九族，从没有诛十族的先例。方孝孺一案，朱棣可算是开了先河，空前绝后，实施了中国历史上有名的屠杀。方孝孺的老家浙江宁海溪上方村被朱棣派去的士兵团团围住，全村人被杀戮净尽，一个村落彻底从地图上被抹去了。

朱棣屠杀方孝孺"十族"，还只是在夺权之后进行报复开的第一刀。在以后数年，他共计屠杀近三千人，在明朝历史上写下极为残暴血腥的一页。除此以外，明成祖又下令，凡藏方孝孺文者可以定为死罪。自此，孝孺文集《逊志斋集》即成禁书，不能流传。直到一百五十多年以后的神宗朝初期，才敕令在南京建表忠祠，将这批忠于建文帝而死难的人入祠祀奉。列第一位的是开国元勋徐达的长子、忠于建文帝，抵抗过燕王朱棣的徐辉祖，列第二位的就是方孝孺。万历十三年（1585），神宗朱翊钧又下令把受方孝孺案牵连而被流放者的后裔一千三百余人放还。

不过据史实看，作为方孝孺门生的王稌却未受戮，他后来还潜录孝孺遗文为《缑城集》。浦江郑氏子弟中，郑楷、郑棠、郑柏为方孝孺至交好友，郑耀曾从学于方孝孺，也都得以善终。不仅方孝孺上述门生好友幸免于难，连孝孺本族事实上亦未被完全灭绝。方孝孺叔叔方克家有子方孝复，洪武二十五年

（1392）方孝复上书太祖，请求减免宁海额外赋役，忤旨，被谪戍宁夏庆远卫军服役。靖难后因为其隶于军籍，故幸免。方孝复之子方琬，后得释为民，还居宁海。可见"诛十族"之说未必确然，可能是后人出于对方孝孺的极度同情和对成祖凶残暴行的愤恨而言过其实。

门人廖镛、廖铭（皆开国功臣廖永忠之孙）在方孝孺被杀后，偷偷收了他的遗骸，葬于聚宝门外山上（今南京中华门外雨花台东麓）。剧作家汤显祖在南京时首先为方孝孺修墓、立碑、建祠。其后，战乱频仍，如今只留下了同治五年（1866）李鸿章所立残碑及荒冢一座。现方孝孺墓在南京雨花台雨花阁东的丰草长林中。墓由一碑一冢组成，碑为丰碑，冢为高冢，均为1998年重建。青绿色的石碑上镌刻着"明方正学先生之墓"八个醒目的大字。据说，如今南京明故宫奉天门前那夹杂着斑斑"血迹"的灰色石阶，就是当年方孝孺拼死一搏，舍生取义的地方。

关于方孝孺的后人之谜，有不少人作了考据与猜测，其中以张群发表在《寻根》的《方孝孺后人之谜》为代表。清人朱彝尊《曝书亭集》卷三十六说："十族之说，传之者过矣。"据介绍，方氏后人主要有方、六、何、才四姓，还有余、亢等姓氏。目前生活在美国、加拿大、朝鲜等国家和中国台湾地区的方氏后人，有数万之众。自称是方氏后人的六先生讲，方孝孺共有四子，二子殉难，一子流落江阴，一子避祸至松江（今上海市松江区），现家中有家谱可为佐证。"六"（读 lù）姓是明朝时从"方"字改成的，所以《百家姓》没有收入。方孝孺十族被诛时，幼子方朗被义士送到江阴的外公家抚养，后依外公家姓"陆"。方朗长大得知自己身世，乃将"陆"改为"六"，以示不忘方姓，延续至今。

宁海方氏这一支，据崇祯十四年（1641）夏卢演的记述及《松江府志》等记载，是为当年贬谪在宁海任职的刑部尚书魏泽所救。魏泽藏匿方孝孺三子德宗后，在一次出巡时交给佯狂行乞的天台人余学夔，余氏愿效春秋时程婴，将德宗潜送松江。方德宗这一支在明朝万历年间朝廷为方孝孺冤案平反后恢复了方姓。据《逊志斋集》《江阴六氏宗谱》等载，当年魏泽冒死救出的应为两个孩子，一为三子德宗，一为四子朗，方朗当时四岁。德宗被送到松江避难，方朗则被一个叫袁柳庄的人藏于箱子里，辗转送到江阴方朗的外公陆氏家收养，以缺方字末笔之"六"为姓。

安徽省庐江县何姓一支，有近两万人，是方氏后人中人数最多的一支。方氏后人何国权先生说，朱棣灭方孝孺十族以后，死里逃生的方氏后人不敢以方为姓，那么该以何姓为姓呢？索性就以"何"字作为姓氏，死后则归姓方。

才姓这一支的发现更属偶然。当年方孝孺被杀之际，方氏遗孤方中宪在忠仆方良的护侍下逃亡，以父亲方孝孺的又名"子才"中的"才"字为姓，以"隐士"为名，逃至湖北茉花村渔岗台娶妻生子。永乐二十一年（1423），因为有人告密，官兵又追杀而至，只有才隐士及其长子得以逃脱，后迁到河北永平府昌黎县河泥庄，即现在的河北省昌黎县沙井镇才庄。

四、正学之难对后代士风的影响

"宋门凤凰"与殉道"正学"

孝孺一生，对其影响最大的两个人皆冤死于"莫须有"的株连中。洪武九年（1376）其父冤死于"空印案"，洪武十四年（1381）其师宋濂又冤死于"胡惟庸案"。亲身经历的大规模无理的血腥屠杀让孝孺对现实政治极为不满。孝孺于洪武十三年返乡居家读书。在长达十数年的家居岁月里，他冷静地分析明初的政治现状，写下了许多著名的政论文，并得到了广大士人的认同。因受人举荐，他于洪武十五年、二十五年两次被召见，但朱元璋皆以政见不合，仅于二十五年授他汉中教授。明太祖去世，遗令孝孺辅建文帝。孝孺以卑微之职一举登上天下瞩望的高位，被士人视为明初"尚刑"严酷政策转变的信号。建文帝非常倚重孝孺，"日侍左右备顾问。……凡将相大政，议辄咨焉"。时朝廷削藩，燕王朱棣借机以"清君侧"为名造反。朝廷讨伐之诏檄皆出于孝孺之手。建文四年（1402），燕兵破南京，建文帝不知所终。孝孺"得君行道"的理想破灭，遂自求一死。他不逃不降，公然为建文服丧。朱棣逼他起草登基诏书，他不从且大骂"燕贼篡位"，遂出现中国历史上空前绝后的诛十族、屠杀八百七十三人的惨烈悲剧。

"读书种子"

孝孺之死给后人留下了诸多悬而未决的问题，对明代儒林的状况和思想发展有着深远的影响。首先关注孝孺之死的影响的是刘宗周。他说："考先生当时已称程朱复出，后之人反以一死抹过先生一生苦心，谓节义与理学是两事，出此者入彼，至不得与扬雄、吴草庐论次并称。于是，成仁取义之训，为世大禁，而乱臣贼子，将接踵于天下矣。悲夫！"

分析刘宗周的话，有两点值得我们注意。一是孝孺之死所造成的后果："节义与理学是两事，出此者入彼。""成仁取义之训，为世大禁，而乱臣贼子，将接踵于天下。"二是方孝孺的一生苦心。暂且不论其二，先看其一。刘宗周认为，孝孺生前就已经被称为"程朱复出"，可见他在理学上应该是有很高的地位和成就的。但是他殉难后，士人反而只认为孝孺有气节，并不承认他在理学上的成就，甚至认为有气节而"无理学"的孝孺比不上像汉代扬雄、元代吴澄那样节义有亏但在学术上有建树的学者。从另一面讲，显然刘宗周认为在孝孺那里节义与理学是合一的，是值得学习的。那么这种节义与理学的合一表现在哪里呢？孝孺之后士人在节义与理学的分离上又有什么表现呢？

孝孺既被称为天下"读书种子"，足见他在当时读书人心目中的地位和影响。为什么孝孺会被称为"读书种子"？这从宋濂对孝孺的评价与孝孺自己的言论可见一斑。宋濂称赞孝孺的学术成就说："凡理学渊源之统，人文绝续之纪，盛衰几微之载，名物度数之变，无不肆言之。离析于一丝，而会归于大通。生精敏绝伦，每粗发其端，即能逆推，而底于极。本末兼举，细大弗遗。"可见孝孺在理学、历史和礼仪制度上能综罗百代，至广大而尽精微。这是"读书种子"取得的成就。然而"读书种子"的精神不只如此。从他的志向中可以得知："其大者，将宏廓敷扬其所传于世，俾人得乐生达理；其次亦将整齐周公孔子之成法，为来今准；下此犹当著一书，据所蕴蓄，补艺文之遗缺，续斯道于无极。仆将抱遗经，陈之达者，而施之于天下。苟未欲治斯世，著之在书，授之其人，乐之以终身。"

孝孺的志向，首先在于将终生积学推广于世，使天下得以养教遂生。其次在于整理圣人之成法，著之在书，以为来世之准绳，以传诸人，以续道之统绪。可见"读书种子"的精神不仅在于读书，更重要的在于学以用世，得君行道。《明史》称孝孺"恒以明王道、致太平为己任"。可见"读书种子"最核心的精神就是将道统与道学分离所造成的功业与空言两端合二为一，"以道事君"。"读书种子"出仕是为了"行道"而非为"利禄"。他固守价值理想，以之作为参与政治社会活动的准则，"以讲明道学为己任，以振作纲常为己责，以继往绪开来学为己事，以辅君德起民瘼为己业"。他凭借"道"这一超越时空的精神力量，批判君主违背价值理想，甚至与君主对抗以推行其价值理想。如果再结合孝孺事迹与《逊志斋集》所载的孝孺其他言论来看，孝孺真正具备了"威武不能屈，富贵不能淫，贫贱不能移"的大丈夫精神。所以"读书种子"的含义就是儒家"修己以安百姓"、内圣而外王的理想人格。

宋代诗人陆游诗云："传家只要有书种。"另一宋人周必大说："士大夫家，其可使读书种子衰息乎？"黄庭坚语云："不可令读书种子断绝！"他们的话都传承了不愿使"读书种子"断绝的可贵的书香精神。"读书种子"，一作"书种"，是古人创造的一个颇有文化意蕴的称谓。只有"读书材料"或学有根底的、优秀的读书人才能称为"读书种子"。"读书种子"，关系着国家的盛衰、文化的兴废，这一点，可谓古今通则。

明代政治家姚广孝称大文人方孝孺为"读书种子"，清代学者阎若璩称大思想家、大学者顾炎武、黄宗羲为"读书种子"，民国学人傅斯年称大史学家陈寅恪为"读书种子"。这些"读书种子"，都是承继了中国读书传统的优秀的读书人。清人说："秀才者，读书之种子也。"

在中国传统书香精神的熏陶下，读书和文化高于富贵。元代一位孔子后裔曾立座右铭曰："宁存书种，毋苟富贵。"中国文化的存续发展，在相当程度上是靠了这些自甘清贫的"读书种子"的。《聊斋志异·邵九娘》中曾写到一种择婿标准："王侯家所不敢望，只要个读书种子，便是佳耳。"在这些择婿人家的眼中，"读书种子"是"佳"婿，在他们的婚姻观中，已经渗入了书香精神。因此，孝孺得以顺着"读书种子"这条脉络发扬光大了。

正学没世，士风流弊

"读书种子"之死给明代士人造成了什么影响呢？明末清初的学者顾炎武说："永嘉南渡，刘、石乱华，本于清谈之流祸，人人知之。孰知明日之清谈，有甚于前代者。昔之清谈谈老庄，明之清谈谈孔孟。未得其精，而已遗其粗；未究其本，而先辞其末。不习六艺之文，不考百王之典，不综当代之务，举夫子论学论政之大端一切不问，而曰'一贯'、曰'无言'。以明心见性之空言，代修己治人之实学。股肱惰而万事荒，爪牙亡而四国乱，神州荡覆，宗社丘墟。"这段言论代表着当时学界的一种公认意见，即明之亡亡于士人之清谈与疏妄。

刘宗周也实在是有感于明末儒学道德理想与士民人伦日用的脱节，才对此出言痛加针砭的：正是因为明末士大夫缺少了关心世用的精神，总是舍实践而趋空谈，其学术活动才沦丧为放荡的话语形式。所以他才下决心纠正之，要减少谈玄的成分。

黄宗羲显然继承了其师刘宗周的精神。其师说晚明士人"节义与理学是两事"，宗羲则说这种现象为"讲学而不修德"："今讲学而不修德，又何怪其举一废百乎？时风愈下，兔园称儒，实老生之变相；坊人诡计，借名母以行书。谁立朝廷之中正？九品参差，大类释氏之源流；五宗水火，遂使杏坛块土为一哄之市，可衰也夫！"为了针砭时弊，他们师徒都极力推崇方孝孺。刘宗周说孝孺"扶持世教""不愧千秋正学"而两度辑录方孝孺的文集，且言行一致，以死殉于明，践履了自己的诺言。黄宗羲的《明儒学案》将方孝孺列在卷首，认为孝孺一生以"圣贤自任""持守之严，刚大之气，与紫阳相伯仲，固为有明之学祖也"。由此可见，刘宗周、黄宗羲推崇方孝孺是因为他将节义与理学合而为一，以儒家道德理想来教化、改造当时社会。

刘、黄二人揭示的正是明代士风演变的大问题。他们都认为明代的士风在初期是高洁的，而到了末期却是衰败卑污的。但是将明代的士风败落归于讲学活动也仅仅是看到了事情的表象。因为同样是对待讲学，学者的态度则迥然不同。著名明史专家孟森先生说："以道事君，固非专以保全性命为第一义矣。风气养成，明一代虽有极黯之君，忠臣义士极惨之祸，而效忠者无世无之，气节高于清世远甚。"但孟森先生总结这一现象的原因却说："明一代士大夫风尚最可佩。考其渊源，皆由讲学而来。"与顾炎武相反，孟森将明代士大夫高尚节操形成的原因归结于明代的"讲学"活动。前后学人对明代讲学、清议的评价差距如此之大，其实并不矛盾：孟森所讲的士风主要是针对"明朝开国以来，能够重视'扶植清议，作养士气'"，即"太祖皇帝作养士气"之结果；而明末清初学人的言论主要是针对明中晚期的士风讲的。可见"讲学"活动既可以促进士风，也可以败坏士风。士风演变的动因显然不能从"讲学"中找到。

至少在明代中叶，士风已经有了明显的变化。真正学以致用的儒者，已经找不到几个了。那么是什么障碍使得明代文人在儒学的传承上产生这样的败象，以至于"讲学"盛行，而"修德"者无几呢？这就是杀害"读书种子"的后果。李贽说："一杀孝孺，则后来读书者遂无种也。无种则忠义人材岂复更生乎？"那么"无种"的读书人又有什么表现呢？李贽说："后之人不然，修于己者不力，而侥幸于名位之得。得则意气横肆，以矜骇于庸人之耳目，以求遂其朵颐之利欲，而及人之实，未必有也；不得则悄然忧，爽然叹，立若无所自容。"

在明初绝对皇权的政治条件下，君主不允许有异于意识形态的思想存在，这就从大的方向决定了"读书种子"的悲剧发生的必然。绝对皇权所能做到的就是使读书人"无种"。"读书种子"之死的震撼力量使士人们悄悄地改变了他们的生命品格和价值取向。"成仁取义之训，为世大禁"。在固守理想与恐怖政治所要求的保全性命之间选择的巨大重压，使得明代士人不能不表现出集体性的"道德失节"，在坚守理想而丧失生命与保全生命而放弃理想之间，选择了后者。可见政治恐怖主义不单是对士大夫血肉之躯的戮杀，更是对他们的道德节义感和价值观的摧毁，使他们不能承受"忠义"之重，不敢"以道事君"，不敢以理想用世。

但是明代士人再怎么甘心做一个毫无气节、热衷于利禄的专制政治工具，也不会全然忘记自己作为读书人的天然角色。他们天生承担着"道统续绝"的历史责任。现实政治环境使他们不能做方孝孺式的"读书种子"，但是可以"讲学"。"读书种子"的精神要在充满了艰难和危险的个人实践中才能完成，而"讲学"却是仅靠话语就可以实现的。这是他们认为能承担历史责任的唯一选择。于是"讲学"盛行。但是，从此"道德"与"讲学"分离了，"节义与理学"是两回事了。一旦"讲学"以虚伪而欺世的方式成为普遍的现象，其讲述的"道德"就没有了任何的实际意义。所以，晚明社会士风崇尚清谈，话语疏佞，正是反映了其与黑暗政治有间的内心意向。

失去了儒家入世精神的"讲学"活动，最终与佛家合流也就很合理了，"讲学之风，至明季而极盛，亦至明季而极弊"，全提禅机，"而失儒家之本旨"。在明代后期士大夫之间逐渐形成了一股逃禅之风，竟出现了"禅悦，明季士夫风气"的局面。他们或创寺修庙，施田立碑；或接纳高僧，谈禅说理；或披剃空山，著书立说等等，直可与魏晋玄谈相媲美。在整个社会失去价值担当者的情况下，不独士大夫已经无法挽救自己的命运与理想，整个时代离悲剧性的结局也为时不远了。将明代之亡，归之于儒生士大夫们的袖手清谈，纵然过于绝对，却也难以否认是一种事实。而探讨这种清谈与逃禅之风的动因，只能从绝对皇权对"读书种子"方孝孺的屠戮说起。

从这层意义上讲，研究方孝孺，对理解儒学及道统的学术品性和社会作用有重要意义，对了解明代士风前高后鄙、士节从勇坚操守到放荡不羁的演变过程有重大意义，对了解明代知识分子与政权的关系也有重要意义，对王学的形成机制和王学弊端的探析也有重要启示。

第 3 章

方孝孺的理学思想

仇兆鳌为《明儒学案》写的序言说："孔孟之学，至宋儒而大显。明初得宋儒之传者，南有方正学先生首倡浙东，北有薛敬轩先生奋起，一则接踵金华，一则嗣响月川，其薛原本程朱者也。独天台经靖难之余，渊源遂绝。"所以后世只看到方孝孺的节义，而忘记他本来还是个理学大家是有失公允的。下面就从他的心性论与道学方法，图《周礼》经世，劈佛、道异端，天人合一等方面介绍他的理学思想。

一、心性论与道学方法

在方孝孺的思想体系中，作为道德标准的理是本于天的，这无须论证而自明。它已载之六经，经过历代大儒的剖析，巨细都已明白。现在需要解决的是如何"尊而行之"，修养成为道德君子。学道就是首先要解决的。

方孝孺认为，学有大小学之分，必须加以足够的重视。以往的理学家们认为小学是大学的基础，重点是大学，它是修养心性的功夫。而方孝孺则认为，小学并不简单是蒙学之事，而是从少至老都当躬亲践行的功夫。他在《幼仪杂箴》中列出小学科目二十项：坐、立、行、寝、揖、拜、饮、食、言、动、笑、喜、怒、忧、好、恶、取、与、诵、书。这里没有一项不关乎幼童的形体外表，不关乎其心性涵养。这都是为了培养道德君子的精神，从外在学习转入内在的"养心志""端本末"。至于如何理解"本"，方孝孺说："本安在，心是也。"本即心，端其本就是正其心，心正则奢欲好恶就可以自证自明，"大本既立"后，即可取其所需。

在方孝孺的思想体系中，正心和治心是一个意思，治心是学道的要旨。他说，学道之要，"莫切乎治心，而心之官则在于思……人之有身，孰能无思哉！"并说："先王之为治，自心而身，而推之家国，天下行也。"意即修道必正心，这是修齐治平的开始和基本。心正，则可以体验天道，使"心通乎天"。由此可以看出，得天道是可以通过也必须通过正心的。孝孺所谓的正心、治心同时也可称为洗心。至于如何治心，《幼仪杂箴》列出的二十项就作出了具体的解答，而在《君学》篇里，方孝孺更概括地说明治心之术有五：持静以弭安肆之萌，寡欲以遏奢侈之渐，养慈爱以充其仁，伐骄泰以固其本，择贤士以安其邦，王者立然后可以为政。果如此，其心就可以"静以致思"。不过，即使静思，也绝不是离开动，离开事物。方孝孺在谈到"主静"说时指出："苟静而无动，则物而不通矣，欲人在仁义中正主静，静应于物耳，非欲人强制其本心如木石然，而不能应物也。……夫人处乎万事万物之间，而欲与之俯仰，裁天下之变，成天下之务，欲其不动不可得也。"所以正确的态度就是：当心接于物而引动"七情"时，以寡欲、克己等方法达到中正而不偏。孝孺主静的治心方法，有时也从敬义的内外兼进方面加以表述。他说："敬为复善去恶之机，天理之所由存，人欲之所由消也。故人能一主乎敬，突奥之间，俨乎若上帝之临；造次之顷，凛乎若珪璧之奉。"他认为敬是复善去恶的转机。而敬当然是敬内，涵养其心，但是敬又不能只是在心内完成，它必须是同义外结合的。即所谓"涵养以敬，以澄其内，制之于义，以应乎外"。

方孝孺的敬内而义于外的方法论，在程朱时已经有过，但是孝孺首先突出的是敬内的重要性，说其俨乎若上帝，凛乎若珪璧。由静涵养澄心，然后由内向外转，以应乎外，这个方法与程朱由外格物致知向内修身、诚意正心不尽一致。这反映了方孝孺是偏内修的。他盛称朱子之学，说朱子之学是圣贤之学，但是，作为朱学的重要的格物论在方孝孺这里却没得到肯定，他在《题大学篆文正文后》一文中认为，朱熹补《大学》的格物是多余的："致知格物传之阙，朱子虽尝补之，而读者尤以不见古人全书为憾。"《大学》中的"知止而后有定"和传中的"听讼，吾犹人也"句合起来，就是经传的面目，无须补传。在这里，值得注意的是致知格物是指外修，即格物穷理，而方孝孺对此是不重视的。这和他重内修也是一致的。

朱熹的格物是从身外的事物得其理，积之既久，然后吾心豁然贯通。朱熹也讲究应接酬酢的居敬涵养功夫，但那不过是格物以致知的精神，敬是"收敛身心""收拾自家精神"。所以不是通过居敬，就可以达到体验天理的程度的。而方孝孺则是以敬为觉，因此就非常赞同"闻君子之于学，将有以扩充吾良知良能，而复吾本然之性，非由外铄我也"。

孝孺从理论到实践都对此持之以恒，使自我的精神由"克己"达到"忘己"，使心不滞留于外物，而直达天道——"忘己以观物，与天地同体"，这样心中之气就浩然光明。"宇宙之内，特以是心为之宰耳。"这种参天配地之心，自然不是私利私欲不得弊的小我之心，而是经过洗心、澄虑后的大我之心，也即凝心安安的道学者。这种状态，离圣人气象也不远了。

方孝孺的老师宋濂的理学是出入佛、儒的，方法是通过"佛氏空寂之义"，由"无己"到真知的明心见性的方法，孝孺重内敬与此相似，都比较偏于内省的直觉方法。朱熹固然也讲究豁然贯通的直觉，但他的首要方法却是格物穷理、博学致知，而方孝孺与宋濂等则是朱熹当年指责的那种"存诸内而略乎外"，只持一个"敬"字，不做集义功夫的学者。因此可以说，孝孺和他的老师对朱学的传承是"得其半而失其半"。如果说，他们就是明初传承朱学的主要代表人物的话，那恰恰是在他们那里，朱学的宏阔之气和内外皆不可小视的精神，开始萎缩和偏枯了。

二、图《周礼》经世

方孝孺虽然强调心性修养要主敬，要内修，但是修身并不是他的最终目的。他始终认为，君子之学，应当经世济民，不能离世自适。他说："天之援我者，养之致其全，知之致其明，行之致其笃。用于世则使……九州四海之民无不得欲。"如果知之之后，遗万物而独立，则圣人君子犹病其隘也。他强调修齐治平要一以贯之。他也和宋濂、刘基一样，批评士儒仅仅能修身而惑于治世。这种人大谈经道，却陷于玄玄，最终不知所为。他在《与王仲缙五首》中指出当时的士风是："今闾巷庸人读孔孟之书，犹不知其可用或以为戏笑之资。"为师者对道学讳而不讲，做学生的更是"嫌而不为"。总之，自朱子殁后，斯道大坏。方孝孺对士风的不满，对理学的忧虑，反映了朱学开始僵化的现状，理学之尚空谈、不务实也由此开始。因此，类似诸葛亮、范仲淹和司马光等以五君为法的勇气振兴理学，就成为孝孺的榜样和理想。

方孝孺在《家人箴序》中谈到，在修齐治平中，齐家最是关节处，齐家是治国的根本。他说："家既可齐而不忧于国、为天下者无有也。故家人者君子所尽心，而治天下之准也，安可忽哉。"这表明了他的"家与国通"，即"家者身之符，天下之本也"的思想。方孝孺知道治家之难处，所以还专开《宗仪》讲如何治家。他强调要尊祖、重祀、重谱等等，以维系族人之心，收人心于一，并由此思孝广爱，以爱亲之心广与天下，这也就是《孟子·万章上》所说的："孝子之至，莫大乎尊亲。尊亲之至，莫大乎以天下养。"而要做到这一点，必须恢复宗法制度。

方孝孺著有《周礼辨疑》，不过已经亡佚。但是从其他的文献看来，他对于周代的宗法礼制是无限留恋的，甚至想拿来作为垂范的模子。在他看来，周代的成法是可以经世淑民的，"秩乎备且明，岂后世所能及乎"，但是，到了秦汉已经不知其深意，将它视为无用之虚言而焚除之，重定法度，周礼就不可复制了。至于现在的《周礼》，"成于汉儒之所补，非周之全书"，其诸家注释又极为"烦碎"，不一定合乎周公之意，但尚存周礼大略。所以"周之成法俱在，今欲为之不难也"。《周礼》主要适用于世，而方孝孺主要用于治家，使家成为宗法性质的家长制。对此，他不遗巨细地讲了操作的方法。如：以周制建立每一宗族，以族长为"睦正"，在"月之吉，咸造睦正之庐，正中坐，余立而侍老者坐侍，令少者一人读古嘉训……众皆向北跪而听读……四时各一会"，讲文武周公之事，以训导族人，诸如此类，还有很多。要实行这样的宗法制度，经济上要相应地推行井田制。宗族以睦正为长，不仅可以齐家，还进而可以十睦为保，十保为雍，以至于乡、党、州、里，直至于国。对于国家，也可以依《周礼》改为六官之制，尊行周礼。这样由家而国可以相亲、相助而无争。齐家治国还有很多其他的礼仪，制度甚烦，但是方孝孺还是很有信心地说，只要大家齐心协力推行此法，十年、数十年，周之治可复见矣。

方孝孺据《周礼》设计的"齐家"蓝图，使一家一族成为宗法社会基础，由此治国，光兴天下，显然是行不通的。《周礼》的实行基础是井田制，其中的繁复礼制多半为后来人所伪作，它不可能在封土建侯的社会实行。那种以血缘为纽带的宗法制，虽然与当时社会相始终，但是随着社会人身依附关系的松弛，也不可避免地松弛了下来。可以设想，如果明代执拗地倒回历史的车轮，去实行《周礼》的齐家治国的话，必定"为天下祸"。不过他的这种想法，却足够反映当时的理学家们已经明显地感觉到社会统治秩序出现了颓败之势，企图用恢复以血缘关系为基础的宗法制来加以挽救。

三、劈佛、道异端

方孝孺虽然师承宋濂，但是在佛、道问题上，二人却各自不同。

宋濂生活在元代后期，蒙古族乃游牧民族，朴实豪放，较少心术，没有烦琐的思想体系，对思想的控制相对来说较为宽松，这也使得宋濂的思想具有开放性和兼容性。他研究佛、道教源流及理论宗旨造诣很深，他为僧人所作的塔铭和赠行序及为佛教典籍所作的序跋等数量之多，在其整个著作中比例之大，在中国古代文人中难得一见。宋濂与佛家弟子、道家方士的来往也甚为密切。对于佛教，宋濂是出入佛经而归乎儒典。《宋学士文集》中收集了许多有关佛教的文章，他的《夹注辅教编序》说明他于佛家"明心见性"和儒家"存心养性"之间找到了契合点。宋濂潜心研究佛典，为找到佛、儒的共同点，为"内圣外王"的理想服务。对于道家，宋濂是兼取诸派，相互为用。如他在《混成道院记》中明确指出道教教旨与儒家经典相符："道家者流，秉要执本，清虚以自守，卑弱以自持，实有合于《书》之'克让'，《易》之'谦谦'，可以修己，可以治人。"他在其有关道教的著述中肯定淡泊名利的处世态度，介绍道家"致虚极、守静笃"的修炼方法，吸取道教"治世""度世"的"入世"精神。可见宋濂融通儒、释、道，着眼于佛道积极的，有益于修性、济世的思想，以达到神道设教、辅俗化民的目的，故形成以儒为本，融合三教的思想。在理学思想上，宋濂以程朱为宗，服膺朱学，融会诸家。

与宋濂出入儒、佛不同的是，方孝孺在这一点上相当有自己的特色——不辟"二氏"，不足以明王道。他排斥佛、道，尤其反对佛学。叶盛《水东日记》记载："尝闻宋景濂先生过佛寺，方孝孺实从，先生见佛参拜，孝孺不为礼。或以为请，先生曰：'后生未到老夫田地故耳。'"由此可见方孝孺与宋濂对待佛教的态度是大相径庭的。

自魏晋以来至于宋，儒释道三教合一论和儒、佛"本一"

"同一"说之风甚炽。方孝孺对佛、道，尤其是对佛教大加放言驱逐，在当时的理学家中，可谓颇具特色。他在《种学斋记》中说："事乎老、佛名教之法……用之修身则德瘝，用之治家则伦乱，用之治国家天下，则毒乎生民，是犹秭子之农也，学之蠹者也。"他对佛教尤其驱斥，把反佛一事比如戍守国土。即使被人"毁讪"，也在所不辞。他在《答刘子传》中表白了这一心志："仆有志于古者久矣，今之叛道者莫过于二氏，而释氏尤甚。仆私窃愤之……稍有所论述，愚僧见之则大恨，若詈其父母，毁讪万端，要之不足恤也。"

反佛从汉唐以来代不乏人，方孝孺肯定韩愈"诋排佛老、扶起孟荀"，自己也对"异端"严加驳斥，"以卫圣人之教"。但方氏认为唐之韩愈反佛是"稍知其大者不能究其本"。他说："仆少读韩氏文而高其词，然颇恨其未纯乎圣人之道，虽排斥佛老过于时人，而措心立行，或多戾乎矩度，不能造言颜孟氏之域，为贤者指笑，目为文人。"他对韩愈的这个批评是切中要害的，韩愈未能以圣人之道去批评佛老，所以不能究其本，不能做到有力而彻底。

他在给友人的一封信中写道："世之好佛者，吾举不知其心之所存。使弃儒从佛，果能成佛，犹不免于惑妄畔教之罪。况学之者，固逐逐焉以生，昏昏焉以死，未尝有一人知其所谓道者邪。"方孝孺对佛教的贬斥，是从儒家伦理出发，认为佛教不谈君臣父子夫妇长幼之礼制，佛书中所说的道理，所记的故事即使对儒家有用，也不过是借鉴和重述了儒家的格言训诫。欲以佛家学说治心缮性，还不如儒家之道切近平实，有序可循来得可靠。所以，慕佛不如崇儒，儒家之道的学说体系全面而又深刻。他说："夫儒者之道，内有父子君臣，亲亲长长之懿，外有诗书礼乐制度文章之美。大而以之治天下，小而以之治一家，秩然而有其法，沛然其无待于外。近之于复性正心，广之于格物穷理，以至于推道之原而至于命，循物之则而达诸天。其事要而不烦，其说实而不诬。君子由之，则至于圣贤，众人学之，则至于君子。未有舍此他求而可以有得者也。"他还认为，信佛者往往是人到暮年，世事蹇涩，虑来日之无多，悼往事之可悔，而又体衰气软，听佛氏空寂之说而有当于心。如果儒家之说惬于心，亦可以忘却穷通得丧，亦可以外形骸、轻物累，不必借助于佛教。他表明自己的态度说："每见流于异端者，辄与之辩。非好辩也，悯夫人之陷，而欲拯之于平安之途。诚不自知其过虑也，以故为佛氏者，多不相悦。"

　　方孝孺不喜学佛者，与宋濂对佛教态度不同，除了时代机运，个人性情上的不同之外，二人的不同经历所造成的对儒家之道的不同理解也是重要因素。方孝孺父祖三代皆为儒士，父亲方克勤尤为一时名儒，在此家风熏陶下，他汲汲向仕，喜论儒家修身齐家治国平天下之术，平生以此为学，未有旁骛。他笃信儒学，与他认为"儒"一字包罗甚大不无相关。他曾说："儒者之道，大之无不该，细之无所遗，近不以为易而不举，远不以为迂而不为。固无有不达乎事务而可以为儒者也。"他认为儒者乃理想人格的代名词，儒者的代表是"三贤五友"。三贤即司马迁、韩愈、欧阳修，五友是诸葛亮、陆贽、范仲淹、韩琦、司马光。三贤以文辞胜，五友以事功胜。为此他写了《三贤赞》并作序以发扬道："圣贤之道，以养气为本。今之人不如古者，气不充也。气不充则言不章，言不章则道不明。"在他看来，真正的儒者是能文起八代之衰、又有事功的豪杰。他甚至理想主义地认为，从大的背景，从总的气运论，儒者是一国之所以立、一代之所以兴的根本所在。

如果要用朱学的标准来衡量的话，方孝孺的理学思想显然较其师宋濂更醇正。在理学的基本原理上，方孝孺几乎全面肯定程朱的见解，甚至独尊朱子。他称："朱子之学，圣贤之学也。""自朱子没二百年，天下之士未有舍朱子之学而为学者。"这就难怪他在当时被称为"程朱复出"了。如果说宋濂等浙东文人作为当时思想文化界的领袖人物、官方思想代言人，自觉地顺随客观政治需要，为了独尊程朱而抛弃自己原本多元的思想格局，那么方孝孺则因家学和师承宋濂而形成的儒学思想，确与独尊儒学的时代恰好弥合。这正是方孝孺在当时能引起极大的思想共鸣和影响、继宋濂之后高蹈一方文坛的重要原因。对儒家思想的推崇使方孝孺得以继承传统的儒家文学观念，也使得其从文学的角度宣扬理学，以至于强调文道结合及诗教作用顺理成章。

在批判佛教的方法上，方孝孺借鉴了二气、五行等观念驳斥佛教的虚妄之谬，他说："天之生人、物者，二气五行也，其运也无穷，其续也无端，生者过而后者来，未尝相资以为用者。……人也亦然，得气以生，气既尽而死，死则不复有知矣……身且不有而何以受之？形尽气尽而魂升魄降，无所不尽，安能如人胸腹，重生于世而谓之轮回也哉？"这一观念还见于他的《启惑》篇。佛教的灾异、妖变，在方孝孺看来不过是天地之生物的变化行常，是二气、五行之变，"草木之异常者，皆气之变也"，与人事何干？而"人以为祥，岂不惑乎"？

方孝孺对于人的轮回说也不遗余力地驳斥，贬斥有神论和人死为鬼说。他重视祭祀一类的事，但是并非相信所谓的灵魂、感觉，而是为得到先祖精神的感召。《宗仪·尊祖》篇说，

"过先祖之墓，未有不动心者"，即朱熹所谓的祭祖是得到精神的"感格"，以唤醒本心。既然方孝孺不承认有所谓的灵魂，那么这种精神从何而来？他的回答是子孙与先祖是有气相续，是"形禅气续"的。

对于佛教的文字，方孝孺也是一并加以驳斥的，这体现在《妄言》《言命》《越巫》等篇中。其中很多议论深刻尖锐而犀利。虽然有不少矫枉过正、偏颇失当处，也有很多因为站在儒家的立场，不免流于狭隘，但即便如此，他的无神论思想是值得肯定的。

由于方孝孺站的角度是明王道，所以他对佛教的批评是不可能完全正确的，也不可能是彻底的。归根结底，是以此种唯心的思想反对彼种唯心的思想，没有超出当年朱熹对佛教的批评水平，因而不能从根本上否定佛教哲学。

四、天人合一观

理学的终极关怀是人事。它研究人在自然界、在社会中的地位及其作用事功，研究今天所谓的主客体、形而上和形而下以及人性的来源和人的自觉等问题，或者是人类社会的基本命题，或者是推演关乎治乱兴替的问题。要解决这些问题，首先必须了解人与自然的关系。理学家的所谓学问之最高，是研究天人的学问，即人与天的和谐一致。"学不际天人，非圣人之学也"，意即天人合一，是理学的最高境界和学问。

方孝孺继承了宋儒的天人合一论，他说："夫运行乎天地之间而生万物者，非二气五行乎。二气五行精粗粹杂不同，而受之者异。"意即自然界中的万物，无不是"二气五行"变化所生所致。人也是不例外的，"人者，莫不得是气"。他认为：
"人之身，天之气也；人之性，天之理也；理与气合以成形，
吾之身与天何异乎？人或不察乎此，而谬迷其天性，始与天为
二矣。能以诚感，则天宁有不应之者乎？""人心至灵，一念之
感，其小者草木，或无根而生华；其大者日星，或退舍而见
异。"人的形体是天气所凝聚的，人的心性是天理所赋予的，
人与天地不分彼此、二为一体，所以人天之间有信息沟通，能
发生神奇的感应现象。心是感应的中介，然而有心不一定就有
感应，心诚是感应发生的必要前提条件。这个观点也是他正心
诚意修养方法的一个依据。

他在《贮清轩记》中有一段精辟的分析："清气之在天
地，得其纯全之会，则为圣贤人。得其浇驳之余，则为庸众
人。……盖以五性在人，譬若以至洁之器受水，而恒以静居
之。故其为水也，可以鉴秋毫，而察眉睫。众人譬以污器受
水，而又动淆之，则水始有浑浊而不足以自鉴矣。"但孝孺并
没有一棍子打死而是用辩证的眼光来看待众生和事物的。他
说："善学者，积澄滤之功，以变其浑浊，而反乎清，则众人
可为圣贤人，亦理然也。"虽然气有清浊不别，人有良莠不齐，
但人的良莠是可以通过个人的努力加以改变的，此即宋元理学
家强调的修养功夫。

天地之间芸芸人事，各不相同，也是因为有气的不居变
动。方孝孺在《赠郭士渊序》中谈道："天地有至神之气，日
月得之以明，星辰得之以昭，雷霆得之以发声，霞云电火得之
以流行。草木之秀者得之以华实。鸟兽之端者得之以为声音毛
质，或塞而飞，或妥而行，或五色绚耀而八音和谐，非是气，
孰能使之哉？"另外还有一段文字也足以表达这种思想："山以

是不动，水以是而不息，有时而崩隤、溢固者，是气滞而不行，郁额不同也。"

孝孺的天道合一观传承了自古以来的天人理论，但是其直接理论来源却是宋儒，更可以直接追溯到周敦颐的"二气交感，化生万物"八字。

在为文方面，方孝孺认为道德之别与气之别息息相关。这在本书后文将会更详细地谈及，这里仅摘录他比较有代表性的观点以成一个完整的体系。他以道德论理气，说："今之士者，不患其无才，而患其无气；不患其无气，而患其不知道。道，譬之源也；气，譬之水也；才，譬之能载也。盖有无其源而不能为水者也，未有水既盈而不载者也。是以君子不敢强用其才，而务养气终身。"

孝孺的天道观，是要求人们学做圣人，即"善为学者"，而非读死书，死读书。他的"天道合一"观念，强调学做圣人的实践才能化理想为现实。

五、格物致知论

格物致知论来源于儒家经典《礼记·大学》，"物格而后知至，知至而后意诚，意诚而后心正，心正而后身修，身修而后家齐，家齐而后国治，国治而后天下平"。格物、致知作为上述八条中的两条，其重要性早在宋代就已经得到了广泛的重视，并且理学家们从这个概念出发，衍生出了一套新的儒家认识论和修养论，即新儒学。

北宋程颐、程颢对《大学》中的格物致知文句加以调整，以表示二者的重要性；大理学家朱熹加以发挥，使得格物致知在其理学体系中占据了重要的地位，并成为其思想的显著特征。

对于"格物"的解释，程颐说："格犹穷也，物犹理也，犹曰穷其理而已。"意即穷尽事物之理，这种解释是他的一大创造。朱熹在此基础上又作了进一步的发展，他说："格，至也。物，犹事也，穷至事物之理，欲其极处无不到也。"即认为格物的基本要义是穷理，但这个理是要落实到具体事物，而不是架空的空想的理，且穷理必须穷其极致。因此，朱熹在认知这方面的哲学被概括为"格物穷理"。穷其极致，就是"致知""致，推极也。知，犹识也。推极吾之知识，欲其所知无不尽也"。这里的"致"就是"推致"的意思。

无论是在二程那儿，还是在朱熹那儿，格物致知都是与道德相连的。而且格物致知是本，是基础，修齐治平是末，是要从格物致知开始的。

方孝孺的格物致知也继承了这样的思想，他在众多的论著中，一再强调格物致知的重要性。《斥妄》篇说，"孔子曰：'穷理尽性，以至于命。'斯圣贤所以为教，而人所当为者也，穷天下之理，而见之于躬行，近乎三纲六纪，而达之于天道，尧、舜、禹、汤、周公、孔子之所传，人之为人，不过学次而已。"不过在孝孺那儿，穷理格物致知，穷理尽性不是同时的，而是各有先后，即先穷理而后尽性。而且他认为，理和性在层次上也是有分别的，理是万物之理，是可观的，而性则是最高的本体范畴，是人固有的，穷事物之理，便可以穷尽人物之性。故他得出要尽性就必须穷理的结论。

既然穷理是如此重要，那么注重内心的修养，以待学好外界的知识也就必不可少了。这就是方孝孺强调的"主敬立诚"。

"主敬立诚"是方孝孺的一种修养方法，以它来排除心中的一切物欲。通过修养诚心，达到道德上的自我完善，才能安己安人安民。在主敬方面，他指出："所习诚能以敬存心，以义制行，穷万物之理以周乎事，尽彝伦之常而不失其中，敛之则挫于家，施之则被于民。"崇尚之情溢于言表。他还说："敬者，所以成夫仁而已矣。仁为众善之源，群德之长，而天地之心也。""敬"是为了实现仁，仁意义重大，是众善之源，是群德之长，是天地之心。从这里可以看出，方孝孺把仁义治国的政治主张贯彻得相当彻底了。

　　"主敬立诚"的"诚"，意思是："天地之化，阴阳诚运，日月星辰诚行，风雨雷露霜雪诚施，寒暑昼夜之叙诚平，物之囿乎其中者，顺之则生，逆之则死，其生与死，天地岂以私意为之哉？物各有以取之耳，故物之生者，不以生为恩，死者不以死为怨，以天地无意于生死也。圣人之于赏罚，岂异于是，政教诚立，礼乐诚备，五刑五服诚陈，随其功罪而各得报焉。"即使是圣人，也须用诚心尽力去做事情。在方孝孺的理学体系中，"诚"既有客观的一面，也有主观的一面。它除了是一种修养的方式外，还体现出"天人合一"的传统；它既是宇宙的体现，也是人存在的一种很高的状态。所以"主敬立诚"的最终落脚点是"诚"，只有"诚"，才能达到致知的状态。

　　"主敬立诚"还可以从另外一个方面得到补充，即扩充"良知良能"。扩充"良知良能"是一个反求诸己的过程，在自己得到体会的同时，设身处地，感同身受地为他人着想。倘能如此，那么做任何事都会获益良多，得心应手。他在《与陈敬斋书》中谈道："闻君子之于学，将有以扩充吾良知良能，而复吾本然之量，非由外铄我也。岂以自外至者为荣辱哉？故将举世非之，而不加惧，举世誉之，而不加喜。……虽然日月不以薄蚀废其明，江河不以旱涝为盈缩，篙师不以风涛之险舍其操舟，农夫不以岁歉而辍其耕，菊芳乎秋，松柏秀乎冬，各适其所，奚可以时之不偶，而歉吾素志哉。"良知良能作为人与生俱来的东西，是人人都有的。良知是无关乎教育和背景的情感，指导道德实践；良能是无关乎教育与背景，自然具有的本能。如果扩充二者，即"扩充吾良知良能"，那么将和"主敬立诚"一起，达到内外兼修的状态，从而在实践上完成格物致知。

在综合方孝孺上述理学思想的前提下，姑且对其思想的消极方面略作叙述。

1. 孝孺在发展儒学天人合一思想的同时，从形上学到修养论论证了宇宙事实的法则即是价值的法则。孝孺思想的这一回圈造成了道德价值对理性思考的压迫，而使人陷入独断的思想迷雾之中。直到近代，我们才看清这一思想错误带来的历史后果是多么严重。事实与价值，分则两美、合则两害的认识是儒学研究得来的基本成果。

2. "内圣外王"的士大夫政治观的局限性。孝孺要以"絜矩之道"的政治原则开出君臣共治的政统，从而共致君尧舜。孝孺的"行道"渴望既对士大夫言，又对君主而发。其内圣外王观念继承了朱熹为士大夫阶级"订制"的社会人生理想方案，它缺乏广泛的阶级基础。孝孺呼吁"君臣两便"与"内圣外王"，却忽视了内圣外王之道中的王权主义的危害，最终使儒学在历史实践中陷入对君主专制的自怨自艾与无可奈何之中并深受其害。随着近代科学的发展、利益主体的多元化与价值需求的多元化，知识分子必须应对学术与政治的异质分裂这一历史趋势。

3. 就儒学史而言，孝孺的"正统"观虽在明朝为澄明传统、传承文明、辨明儒佛有重大贡献，但随着这种观念的传播，尤其是被官方认为正统后，孝孺的"道统"观实际上成了贬斥异己的垄断力量，扼杀了儒学其他思想资源发展的空间或可能性。理学"内圣"与"外王"的两个向度就已启示了孝孺之学研究不能顾此失彼。

第4章

玫瑰色的政治思想

就在孝孺的儒家思想更趋稳定和成熟的时候，明初一系列的变化又对他产生了极大的影响。朱元璋在草创天下的时候，大范围地招贤纳士，从善如流。而等天下差不多稳定，政策差不多都已经厘定的时候，他就一改面目，以重典示之天下。于是政治逐渐恶化。具体而言：其一，洪武十三年（1380）正月，在胡惟庸案中废掉了中书和传了千年有余的丞相制度。其二，洪武一朝陆续出台了许多诸如《大明律》一类的严刑酷法，用廷杖等对士子身心加以摧残羞辱，并剥夺士子隐逸的权利。其三，在洪武一朝，设立了众多的特务机构，兴大狱无数，朝廷文士能幸免者极少。孝孺的父亲和老师等亲戚师友朋辈受害者不能屈指算得。方孝孺历经坎坷，深谙民情，对洪武朝"以天下奉乎一人之身"的统治进行了一系列的批判，而他的仁德而治、君职养民等政治思想，以及井田正统变世等社会理想的提出，表明了他力求复兴三代清治的理想抱负。

而方孝孺学术思想中最为今人重视的，也是他的某些政治理想较前人创新尤多。近人萧公权曾将方孝孺的政治思想概括

为政治原起、君主职务、宗法井田、民族思想"四端"，认为
"就政治之目的而言，则方氏立论一承孟子贵民之教，认定君
位以君职而尊，非本身有可贵之性。《君职》一篇，大明此义，
其畅晓切实之处，虽孟子殆有未及"。

一、以民为本的君职论

方孝孺之学属于金华之学，其本都在经学，而治国之论也
从经学中推论而来。在六经中，《周礼》偏于设修齐治平之术。
方孝孺也欲本《周礼》中的制度来延续被元代统治乱了的儒家
政统。他曾说："《周礼》者，周史所记，周之治事书也。以其
出于周也，文、武、周公之遗法微意，往往可得而推。"又说：
"《周礼》，余之所最好。"因为周治备载于《周礼》，文、武、
周公大意尽在此，而周治又是为治之大法。所以他的政治思想
和理想的灵感来源，也大都以《周礼》为模板加以变通，制定
礼乐制度也大都以周公为榜样。他还继承了孟子衣钵，想以自
己的治术实践改变人们对儒者于治国无用的一般看法。所以，
他对于当时的政治，皆据以上根本原则提出了具体措施。

首先，他明确提出了立君养民的主张。他认为："夫人民
者，天下之元气也。人君得之则治，失之则乱，顺其道则安，
逆其道则危。其治乱安危之机，亦有出于法治之外者矣。""天
之立君也，非以私一人而富贵之，将使其涵育斯民，律各得其
所也。""天之意以为位乎民上者，当养民，德高众人者，当辅
众人之不至。……臣不供其职，则君以为不臣；君如不修其
职，天其谓之何？"所以他警告说："治天下者固不可劳天下之
民以自奉也。"鉴于明初的政治环境，可看出方孝孺的立君养

民说，以及"怒而殛绝之"的思想，与孟子的"诛独夫""汤武革命论"之间，既是理论上的自然延伸，也是对朱元璋极端君主专制制度的激烈驳斥，具有明确的现实意义。

他对君主的人格、学养等基本品质也提出了相应的要求，认为君主的根本品质在能敬天、仁民、别贤愚、明是非，而以正心为本。君若正心，则智勇艺能之士皆为所用。这是治国的首要条件。而心正需修养而成，具体的养心之术是："持敬以弭安肆之萌，寡欲以遏侈纵之渐，养慈爱之端以充其仁，伐骄泰之气以固其守，择贤士自辅以闲其邪。"皆儒家基本信条。

其次，他对君主的职责作了规定："人君之职在为天养民也"，人君养民乃是天意。在《君职》篇里，孝孺谈了君主的起源，说："生民之初，固未尝有君也"，由于后来"众聚而欲滋，情炽而争起，不能自决，于是乎有才智者出而君长之"。君主并非从来就存在，而是由于社会的发展与进步，物质上不断改善，从而导致私欲纷起，纷争相伴而生，为了避免不必要的牺牲与损失，君主才产生。所以君主的首要责任就是稳定社会，消除动乱。为此，他提出了第一项措施："主政教，作礼乐，使善恶各得其所。"

在此基础上，他又提出了治国的第二项主张，即均天下。孔子早在《论语》中说："丘也闻有国有家者，不患寡而患不均，不患贫而患不安。盖均无贫、和无寡、安无倾。"孔子所倡导的也是等级和谐的礼治秩序，他所谓的"不患寡而患不均"，实际上就是倡导一种以等级和谐为原则的分配制度。这在后儒的解释中有比较明确的阐述。西汉董仲舒发表了类似的观点："有所积重则有所空虚矣。大富则骄，大贫则忧，忧则为盗，骄则为暴。"要消弭这些问题，董仲舒提出了解决的方法："使富者足以示贵而不至于骄，贫者足以养生而不至于忧。以此为度而调均之，是以财不匮而上下相安。"南宋朱熹的解释也与此类似："寡，谓民少。贫，谓财乏。均，谓各得名分；安，谓上下相安。季氏之欲取颛臾，患寡与贫耳。然是时季氏据国，而鲁公无民，则不均矣。君弱臣强，互生嫌隙，则不安矣。均则不患于贫而和，和则不患于寡而安，安则不相疑忌，而无倾覆之患。"

这个观点在方孝孺那里一脉相承："能均天下之谓君，臣覆兆民之谓君，立政教、作礼乐，使善恶各得其所之谓君。"均天下重在经济生活，主要是财政、赋税、徭役制度方面。覆万民重在内政、外交、军事方面。"立政教，作礼乐，使善恶各得其所"，重在风俗教化、伦理纲常、精神生活方面。这三个方面一方面失当，君职则有所未尽。他在建文新政中欲实行的井田制，就是均田。其实，在方孝孺的很多论著中，无论是政治还是经济，都强调了要平均公平地对待平民，以此治天下，才是天意赋予人君的职责。说是天意，目的当然是制约君主肆意用权。在专制社会，这也是为人臣者、为人民者的思想家们唯一有力的劝君之策了。

既承认君主的合法性，又考虑生民，方孝孺这种"礼治主义"的政治思想逻辑，就是假设了一个原始社会状态。因为自然状态下人与人的互相竞争以及自然状态下的一些不可避免的缺陷，人类必须依靠自己的力量来组建一个人类社会，构建一种新的社会秩序，以弥补自然的缺陷。方孝孺所构建的这样一种社会秩序就是礼治主义的政治秩序。一方面，继承了儒家的礼治传统，承认现实君主专制社会的合理性。另一方面，又强调等级和谐，对单纯的等级严格的君主专制社会进行了限制和约束，对人民的福利给予了更多的关注。方孝孺的这种以民为本的政治理念，促使他呼吁君主行仁政，强调得民者昌的政治理念，要求君主具备大公无私和有容乃大的气度，注重舆论民情，一切制度都应该为百姓谋福利。

另外方孝孺认为，君为民所拥立，对民有安养教训之责。君之立为民，因此君不能视民之奉养为固然，而当思君之职是否已尽。君为民做事为其职分之当然，不能居以为己功。方孝孺据此理想对历史上不能尽君职的君主提出批评："后世人君，知民之职在乎奉上，而不知君之职在乎养民。是以求于民者，致其详；而尽于己者，卒怠而不修。……受命于天者，君也；受命于君者，臣也。臣不供其职，则君以为不臣。君不修其职，天其谓之何？其以为宜然而佑之耶？抑将怒而殛绝之耶？奚为而弗思也。"这开了对专制君权的批判之先河。

在任官问题上，孝孺针对洪武一朝弊制提出了自己的主张。他认为，在官吏任用上的弊端，主要是"取之过杂，持之过急，待之过贱，黜陟不明"。朱元璋建立明朝之始，百废待兴，特别是经过元末战乱，官署为之一空，所以任人不拘一格，荐举、科举、征求等各种方式并用，以满足一时之急需。但后来朱元璋猜忌过甚，滥杀功臣宿将，大兴文字狱，政治气氛格外紧张。在这种高压政策下，士多心存畏惧而隐居不仕。洪武时任官之法不密，应急不循常规之举多有之，以人主或当权者的喜怒升降官吏的也不鲜见。对已任用的官吏多以惩戒、威吓为主，以细事加重刑者屡有之。甚至在州府县衙堂上悬人皮囊草以示警诫，这更是闻所未闻。加上集权过甚，官吏无得自专，动辄置于法，人有畏惧之心。方孝孺早看到了不合理之处，对这些弊政有所不满，并为文加以申诉之。他在建文朝被重用时，便以此文进谏建文帝，对洪武朝诸政的更张，或以此为根据。

"取之过杂"，指平庸之人据治人之位，不仅启轻贱禄位之端，而且开侥幸取官之门，"于是处士以仕为高，恒人以得位为宜，而仕者之势不尊，威不行，而令不信于下"。所谓"持之过急，待之过贱"，指求效太速，官吏权力过轻，官俸太薄，"驭之以不得自专之法，加之以非其自为之罪，役之以非其所能之工。富足则快乐而获存，廉节则死亡而莫之救"。所谓"黜陟不明"，指官吏之或用或否无一定之规，循良吏不能必升，贪猾不能必罚。官吏视上之政治趋向为转移，但不知上之所好，治事无有方向。方孝孺以上对任官制度弊端的列举，可以说是针对洪武朝弊政而发，具有很强的现实意义。

君主的独裁统治与文官体系在明代都臻于顶峰。从理论上说，文官的命运虽然直接操纵在强大的皇权掌中，但君主专制的维持也必须能够容忍官僚体制对君权的适当限制，这二者之间是相互依存、相互牵制的关系。但是，朱元璋的专制独裁，只是对皇权唯我独尊的单方面的强调，而且是有往无复。朱元璋为了巩固专制皇权，于洪武二十七年（1394）特命刘三吾编《孟子节文》，刻版颁行全国的学校。这个节文将《孟子》鼓吹汤武革命有理、论君臣对待之道的文字共八十五条全部删除，并规定所删的部分"课士不以命题，科举不以取士"。从制度建设上看，朱元璋在洪武十三年借胡惟庸谋反案撤销中书省，永远罢除丞相，使大权一归皇帝，形成了绝对君主独裁的局面。朱元璋独揽大权，对于一个草创的王朝的巩固，无疑具有积极的意义，但是也直接导致了明代政治的恶化。黄宗羲所说的"有明之无善治，自高皇帝罢丞相始也"，就是对有明一代政治教训的沉痛总结。皇帝兼宰相职务，直接统领代表国家行政机构的六部尚书，当皇帝才干超绝时，他可以处理以前属于宰相职权范围的各种事务，但是当皇帝失职之时，这中间的权力真空只能由别人代理。所以明朝受到宦官专权的困扰甚于任何王朝。废除宰相制度对明代政治的影响，要假以时日才能为时人所认识。

朱元璋颁布的第一批官方文告之一就是在洪武元年（1368）发布的《大明律令》，此后又多次加以修改。《大明律》被认为是中国法律最成熟时期的产物，其后的《大清律》也大都沿袭这部法律。但是在实际运用中，朱元璋尤倾向于严刑惩戒。他在《大明律》之外还亲自制定了同样具有法律效应的《大诰三编》《皇明祖训》等，对官员与人民滥施刑罚，几乎无人不可杀。所谓"法外用刑"，即是指此。他开创的廷杖之法以及倚重厂卫等特务机构，使士大夫视做官为畏途，竟成为明后世之则，犯了驭臣之术的大忌，即所谓"君之视臣如犬马"。皇权的极度膨胀，导致了君主与整个官僚阶层的冲突。

朱元璋虽然尊孔重儒，但上述诸种举措，实与儒家讲求德治、德化的思想难以沟通。方孝孺父亲方克勤为洪武时著名循吏，但却于洪武八年受诬流戍江浦，次年又因"空印案"屈死。洪武十三年的"胡惟庸案"中，其师宋濂又受牵连谪戍四川，次年便死于谪所。无论是社会观察，还是切身体验，都使服膺儒学的方孝孺对朱元璋的酷烈统治有了深刻的认识。他主张施行仁德政治，不诛而海内公服。他说："古之圣人既行仁义之政矣，以为未足以尽天下之变，于是推仁义而富于法，使吾之法行，而仁义亦阴行其中。"

他还针对明初政治明确指出，"古之治具五：政也、教也、礼也、乐也、刑罚也，今亡其四而存其末，欲治功之逮古，其能乎哉？不复古之道，而望之治，犹陶瓦而望其成鼎也。"可见，方孝孺立君养民、轻刑罚、重教化等思想，与朱元璋的洪武之治格格不入，他的政治抱负不容于当时也可想而知。

二、正统变统论

方孝孺的政治思想中，引人注目的还有《正统论》。他曾著有《释统》三篇及《后正统论》，自谓"自予为此文，未尝出以示人，人之闻此言者，咸訾笑予以为狂，或阴诋垢之；其谓然者，独予师太史公（宋濂）与金华胡公翰而已"，自得之情溢于言表。

方孝孺身处明代初年，此时元明鼎革未久，对于如何看待元朝的统治，从上到下都各有隐晦。朱元璋与宋濂皆元代之民，自谓父兄尝衣食于元，故不肯十分诋毁元。虽以"驱逐胡虏，恢复中华"为号召，得天下后实宽宥之，不欲以夷狄斥之。方孝孺则不同，他对异族之据中国，用夷变夏，十分不满，亟欲恢复华夏之正统。他说："俗之相成，岁熏月染，便人化而不知。在宋之时，见胡服、闻胡语者，犹以为怪。主其帝而虏之，或羞称其事。至于元百年之间，四海之内，起居饮食、声音器用皆化而同之。斯民长子育孙于其土地，习熟已久，以为当尔。……苟以夷狄之主而进之于中国，则无厌之虏何以惩畏，安知其不复为中国害乎？如是则生民之祸大矣，斯固仁者之所不忍也。"元朝虽在政治、经济制度等大的方面吸收了汉人许多先进的东西，但在生活习俗、文化宗教等方面，则大量沿袭了蒙古的固有传统，并强迫汉人实行，将汉人列为次于"南人"的第三等人。明代恢复了汉文化传统，但生活习俗、文化宗教等方面还有元代的遗留。方孝孺亟欲肃清之，故有《正统论》之作。他还一再申明，他的《正统论》并非随意杜撰，而是有所本，即本于《春秋》。

方孝孺认为，正统之辨是个重要问题，关乎政教、学术甚大，不可忽视之。他说："正统之说，何为而立耶？苟欲假此以寓褒贬，正大分，申君臣之义，明仁暴之别，内夏外夷，抉天理而诛人伪，则不宜无辨。而猥加之以是名，使圣智夷乎暴桀，顺人者等乎逆弑也。"方孝孺最反对者，是前人"全有天下即为正统"的看法，此看法由欧阳修、苏东坡主之。方孝孺认为，如果赞同这种说法，那么就会混淆夷夏之分、仁暴之别、邪正之殊、是非之辨，就会长天下侥幸者之恶，使历史上的圣君贤主蒙羞。

在孝孺看来，正统的核心是在王朝轮替的历史中，必须辨别正统和变统。他说："天下有正统一，变统三。三代，正统也。如汉如唐如宋，虽不敢几乎三代，然其主皆有恤民之心，则亦圣人之徒也，附之以正统，亦孔子与齐桓仁管仲之意欤？奚为变统？取之不以正，如晋宋齐梁之君，使全有天下，亦不可为正矣。守之不以仁义，戕虐乎生民，如秦与隋，使传数百年，亦不可为正矣。夷狄而僭中国，女后而据天位，治如苻坚，才如武氏，亦不可继统矣。二统立劝诫之道明，侥幸者其有所惧乎？"而正统与变统之间的全部要义在于是否以仁义道德为准，是否爱民利民，而非谁站在权力的制高点。他说：朱子说，"周、秦、汉、晋、隋、唐皆全有天下矣，因不得不与之正统。苟如是，则仁者徒仁，暴者徒暴；以正为正，又以非

087

正也而可乎？吾之说则不然。所贵乎为君者，岂谓其有天下哉？以其建道德之中，立仁义之极，操政教之原，有以过乎天下。有以过乎天下，斯可以为正统。"

方孝孺的正统论导致的直接结果，就是日后为维护建文朝的正统地位，拒绝为燕王草登基诏并大骂"燕贼篡夺"，使朱棣诛十族而不恤。

至于正统和变统的区别，方孝孺还主张用一系列专用语言来表述。如在历史编纂体例上，方孝孺作出了详细的规定。所谓正统即："君始立，则大书其国号、谥号、纪年之号。凡所为必书，所言必书，祀典必书，封拜必书。"书后曰"皇后"，书太子曰"皇太子"；而变统则是："始一天下而正统绝，则书甲子而分注其下曰是为某帝、某元年；书国号而不书大；书帝而不书皇；书名而不著谥。其所为，非大故不书，常祀不书，或书以志失礼，或志礼之所从变则书，立后不书，尊封其属不书。"通过这种历史记载方式，方孝孺不仅赋予历史以政治评判的功能，对君主专制体制形成一定的制约，而且使之成为一种礼仪文化，成为"礼治主义"政治思想中重要的政治教化内容。

方孝孺进而在变统的三种情形中分出高下，在《逊志斋集》的《杂著》篇中说："有天下而不可比于正统者三：篡臣也，贼后也，夷狄也。何也？夷狄恶其乱华，篡臣贼后，恶其乱伦也。……夫所贵乎中国者，以其有人伦也，以其有礼文之美，衣冠之制，可以入先王之道也。彼篡臣贼后者，乘其君之间，弑而夺其位，人伦亡矣，而可以主天下乎？苟从而主之，是率天下之民无父无君也。是犹可说也，彼夷狄者，侄母蒸杂，父子相攘，无人伦上下之等也，无衣冠礼文之美也，故先王以禽兽畜之，不与中国之人齿。苟举而加诸中国之民之上，是率天下为禽兽也。"还说："非我族类，其心必异。"方氏之论对少数民族的歧视，在今天有待商榷，但在当时，并非独出心裁，不过是沿袭《春秋》"尊王攘夷"的传统思想。但方孝孺"篡臣"非统之论，在当时却尖锐地刺到了明成祖的痛处。孝孺所谓的先正大儒"知篡臣之不可训也，古王莽、侯景之徒，一以盗贼待之"，似乎就是直接对成祖发出的正义申斥，而且他也自信于"其所可致者势也，不可膺乎后世者义也，势行于一时，义定于后世"，又似乎是预言后世对成祖历史的盖棺论定。

沈刚伯先生在《方正学的政治学说》一文中认为，方孝孺被明成祖夷灭十族，永乐间甚至收藏方孝孺片纸只字者也成为犯罪，就是因为成祖处心积虑地要毁灭方孝孺的政治思想，他说："……杀了一两千人，仍怕未能将方孝孺潜伏的势力扑灭干净，于是下令天下'有收其只字者，罪无赦'！淫威之所及，致方氏死后三十余年，而天下乃敢举其名，又五十年，而天下乃敢诵其言，又百年而天下乃有求其已绝之苗裔者。"这样大肆株连很显然是要根本铲除方氏的学说思想，以巩固他至高无上之专制政权。明末殉国的艺术家倪元璐说：文皇帝以一怒族先生族，并不悔，盖以甚重其文章之故。重其文，则畏其言，畏其言，则必消灭其思想而后已。倪氏的话算得深切道出成祖的心理了。而当道统崩溃之时，帝统的稳定性也将随之出现危机。方孝孺死后，明朝二百年间，再没有出现一个真正的政治思想家。因而可以说，我国政治思想在 14 世纪之后的五百年间并无进步与发展，与方孝孺的惨剧不无关系。

三、君臣关系说

只要有君和臣存在，君和臣的关系就是一个不可能绕开的话题。自孔子以来，士大夫一直把君臣关系视为天下治乱的一个重要因素，强调奉行君使臣以礼、臣事君以忠的行为规范。自幼诵读儒家经典，并"以之为权衡""以之为蓍龟"的方孝孺也持这种观点。由于元末明初存在着严重的臣不以忠事君的现象，明太祖为惩其弊，重典治国。但诛戮太多，用刑重而滥，方孝孺的父亲方克勤就冤死于空印案。方孝孺对这样的君臣关系是不满意的。尽孝和安天下的双重责任感促使他对君臣提出了一系列要求，其中以下几点值得注意。

孔子说，君使臣以礼，臣事君以忠；孟子说，君之于臣有手足、犬马、土芥之视，臣之于君对应的有腹心、国人、寇仇之报，都道出了君臣关系的相对性。方孝孺也注意到了这点，他说："君诚，可使天下之士为之用。君容人，可致忠言直谏之士，可通上下之情。君无礼，则失知义之士。"古时候君以礼待臣，所以臣可杀不可辱，舍生而不负国。一般说来，士的自我期望最高值在功成名就。所谓人不知而不愠，是不得已而求心灵安慰之法。他们穷时犹做达时梦，不患无位，但患不能承其位。穷则独善其身，为的是达则兼济天下。对好的德行给予正面鼓励，谏言被采纳和治民有成，都能使他们获得成就感；若进而得君主赏识提拔，既是荣誉，也是仕途的成功。这样一来，臣就会提高自我期望值，形成砥砺自新的风气。士为知己者死，是这种心理的典型反映。相反，若人君动辄以刑待之，臣身败名裂常若在旦夕之间，怎敢更有所求？如明代学者解缙所言，人自以言为讳，还能有谏诤之言吗？谁肯舍父母妻子而犯颜直谏呢？是以方孝孺说任人不专、赏罚予夺混乱，怎么能使臣忠君爱民呢？他劝人君依人之所好而用其所长，即有好名喜功之人，人君就给他足以成名立功之事，使人各尽其才，各如所欲。他希望恩惠常施于君子，刑罚常施于小人。其言论否定了朱元璋重刑治国的决策和视臣下之亡如泥沙之失的态度。

君使臣以礼，臣事君以忠，是方孝孺理想的君臣关系模式。如不能达到，君无礼，臣则仍然要忠，是对臣的单方面要求：君臣利益相冲突时，牺牲臣的利益以保护君的利益。他认为郭子仪德望既高，但因君主猜忌，为使君臣俱全，他宁可独受奢欲之名，其心在安国家利社稷，这是郭子仪之智，也是郭子仪之不幸。臣做出了牺牲也就全了君臣之义，这与孔孟为行王道、免耻辱而行的去就之义不同，与朱熹君臣"各欲自尽而已"之言十分相似。形式上，君臣和谐，和谐的背面是君对臣的压抑，是要臣自愿拿君臣之礼桎梏己心。但是，方孝孺没有为屈臣而伸君大唱赞歌，而是在要求臣牺牲的同时叹出了为臣的隐痛，叹出了对非礼之君的不满。"君臣之际有常礼，上不以尊而威其下，下不以卑而屈于上，道合则仕，否则引而退，不宜以鞭笞戮辱惧之也。"方孝孺认为这是君使臣以礼、臣事君以忠的具体规范之一。

在君臣关系上，方孝孺发表此论有极强的针对性。士人与皇权只有共同协调才能达到势的平衡，也才有利于利益平均。朱元璋对士的压制可谓到了极点，进退以义的教条被他践踏在脚下。夏伯启叔侄断指不仕，姚润、王谟被征不至，皆诛而籍其家，因而《大诰》有不为君用律。欲避杀刑，有些人要辞官，朱元璋斥之为奸贪无福小人，非杀不可。"必欲尽天下之士而科以不臣之罪"。其中也有不欲仕而最终如愿者，如裕伯等，但能容裕伯之类者代不乏其君，而对前一部分人处罚之重者，就唯有朱元璋了。方孝孺坚持士的进退由自己选择，君主不能淫威示之，批评了朱元璋的过度专制，肯定了士与皇权政治分离与对立的良好传统。

方孝孺还告诫人君不要以爵禄骄天下之士。他说爵禄仅足以致遁世之士，高世之士根本无须考虑。另一方面，方孝孺劝士人学古之君子，养浩然之气，服务于有道之社会。他赞同苏东坡所言："君子不必仕不必不仕。"仕与隐以能否行道为准则，以忘身为不智，忘民为不仁。而能否行道，还要看人主怎么样，所以君子其先乎择主。有济世之术而不知择可辅之主，就是弃其术。苏东坡批评张九龄在玄宗不杀安禄山之际不能以死争之。方孝孺称赞父亲"吾知从民便，抵法非所辞"的精神。这实际上是承认在某种情况下，人臣可以为了生民而置君令于不顾。他的这些主张也是维护士与皇权政治分离与对立的，与孟子的"有道则现，无道则隐"相一致。

进谏和纳谏是君臣之间容易发生矛盾和冲突的地方，方孝孺对此十分关注，希望臣尽进谏之责，君有纳谏之量。这是君使臣以礼、臣事君以忠的又一具体规范。致君尧舜是士大夫的毕生使命，向君主进谏，义不容辞。若遇宽仁之君，臣言是，君从善，臣言非，君也不怪，这很理想，却很少见。若遇刚愎自用之君，方孝孺要求臣一谏、再谏、三谏、死谏或辞官。在《豫让》篇中他要求人臣三谏不入则伏剑而死。他认为不能对君主采取兵谏之类的强硬措施，因为君臣之际有常道，社稷重于君，君臣大经重于社稷。兵谏，违人臣礼，是激于小忠而不知大义的行为。进谏必须通过纳谏才能起作用，故而方孝孺规劝君要有"君量"，秦代之专制残暴，历来受批评。方孝孺也批评其残暴，对残暴之余的容人之处则给予好评。

君主独断在处理问题时有很大的偶然性和随意性，处理得不好会给社会造成极大的不幸。方孝孺要求人臣进谏、人主纳谏，也在于引导君主回到儒家政治理想上，减少随意性和偶然性，以保证天下太平。这在当时是良好的愿望。但是，进谏与纳谏不是具有相互制约关系的制度，进谏者的命运完全取决于君主的态度。方孝孺一方面批评拒谏的君主，另一方面又用"君臣大经"把臣阻挡在纲常伦理之内，臣只能以自身的痛苦和所受折磨去唤醒君主，能否唤醒还要视时视君而定。

方孝孺的君臣关系说旨在达到权力制约平衡，恰好明初社会自动乱中来，人心思安，社会经济的恢复也要安定的社会环境，所以方孝孺的主张顺应了当时的社会需要。在专制社会，知识分子仅有的一点生气表现为对朝政的责难陈善，表现为进退由己。在朱元璋违犯君的行为规范、扼杀士的生气之时，思想界是沉闷的。为此，刘基上朱元璋遗书说霜雪之后当有阳春，宋濂忙于作表、笺、铭、碑文等宣扬三纲五常，解缙把罪归咎于臣下之乏忠良，唯有方孝孺以孔孟理论分析和批判君主的专断和非礼，要对君权加以限制。其意在借此表示对朱元璋杀胡惟庸后即罢中书省的不满。他的主张相对于君主专制是进步的，相对于朱元璋的极端专制是惊人的。但是在君主专制制度下恪守孔子的君臣尊卑之礼，使他的思想最终逃不出君为臣纲的怪圈，与皇权政治的分离与对立也到此休矣。这是历史的局限性使然，不可求全责备。但方孝孺的君臣关系说和他践履这一学说的气节，其影响可谓远播明代和清初。

第 5 章

出入于东坡与龙川之间的文学风格与成就

一、为学

方孝孺作为明初大儒，时人誉之为"读书种子"。明末清初的黄宗羲对方孝孺评价甚高，称赞他为"程朱复出"，是"有明之学祖"。了解其为学的方法与精神，于当今有所裨益。

方孝孺的为学思想承续孔孟而来，他的这种正统的为学思想还与其自身的成长背景有着密切的关系。就地域而言，其故乡浙江台州府宁海县，学术文化气氛相当浓郁。本书开篇就曾介绍，自晋武帝太康元年平定吴国、设置宁海县以来，就"代毓文人"。北宋之时，宁海有被誉为"浙学先河""理学先声"的罗适；南宋之时，有拒受贾似道网罗而遭诬陷杀害的郑霖，郑霖之后又有以孤忠抗大奸、与贾似道斗争不辍的叶梦鼎，而叶梦鼎的曾孙女即为方孝孺的祖母；宋元之际，有气节垂范青史的史学家胡三省；自南宋形成的"浙东学派"，闻名遐迩，等等如此，不一而足。

方孝孺的家庭给予他的同样是至深的影响。出生于"世敦儒术，为邑礼义家"的名儒之家，方孝孺受其父方克勤、其兄方孝闻影响最大。清朝的费纬就曾说："正学先生之学虽出于宋景濂氏，然得诸家庭者居多。"父亲方克勤的言传身教对孝孺一生品质的形成更有着潜移默化的巨大作用。

方孝孺自幼便知勤奋向学，随着年龄的增长，他对于学问更是孜孜以求。孝孺在回顾自己童年在父兄的教诲之下勤奋苦学的经历时说："自少惟嗜读书。年十余岁，辄日坐一室，不出门户，当理趣会心，神融意畅，虽户外钟鼓鸣而风雨作，不复觉也。"方克勤赴济宁任知府时，方孝孺跟随父亲宦游，遍历齐、鲁遗迹。齐鲁大地的儒家文化传统与方克勤的言传身教，终将方孝孺推向了理学正宗。父亲去世后，孝孺承学宋濂。他在宋太史门下，穷经问学，巨细未遗，"进修之功，日有异而月不同"，世人称其为"程朱复出"。"靖难之役"后，方孝孺的气节与操守，正践履了"志士仁人，无求生以害仁，有杀身以成仁"、君子"临大节而不可夺"的儒家道统，真正做到了舍生取义。孔子曾提倡"笃信好学，守死善道"，方孝孺可谓与此相孚。

他的论学言论在其《逊志斋集》中俯拾即是，且涉及面也较广。他结合当时的社会风气，从为学的重要性、为学的目的、为学态度等方面详尽地发表了自己的见解，对当时的士风、学风产生了很大的影响。这充分展现了"有明之学祖"和一代大儒的学术追求和精神风采。

方孝孺对为学问题的论述主要表现在以下几个方面：

1. 为学的重要性。对为学的重要性，方孝孺有非常明确的认识。他说人"食"，是因为"饥"，"衣"是因为"寒"，不食不衣固然会因饥寒而死，但不学则远甚于此。他说："人或可以不食也，而不可以不学也。不食则死，死则已，不学而生，则入于禽兽而不知也。"在此，是否为学成了区别人与禽兽的一个标准。"学"为何意义如此重大？孝孺从两个方面来说明。首先，从个体的角度提出"学"的重要性："人孰为重？身为重。身孰为大？学为大。"若不学，则同于物，也即如果不为学，就"流为禽兽""与禽兽同归"。这是"学"的重要性之小的方面，大的方面则是为学可以治民、立教。"学者，圣人所以助乎天也。"人若不能为学，则不能尽其性，不能尽性则人之伦随之紊乱。其次，对于贤者来说，他们因学而得以通明，而不贤者因废学而昏蒙。君子之所以事变临前而能不失措，正是"学"能定其心，"学"就是君子之绳墨。因此，方孝孺把"学"列为君子的重要品行之一，又把"学"提到了一个相当的高度。他认为"学"应是"君子之先务"，"君子为学，将有以扩充吾良知良能"，可以"复本然之量"，甚至可以使人"侔天地"。"学"成为使君子道德完善的不二之选。

2. 为学目的。方孝孺是一位醇正的儒家学人，"道"伴随着他人生的始终，其为学思想其实也始终没离开过"道"。从某种意义上说，"学"服务于"道"，"道"贯穿于"学"。在他看来，学是行道的基础，道是为学的终极目标。方孝孺说："古之为学，所以行道。"而君子为学更只是事道而已。如果明"道"，则不必担心学业不成。他又说，欲通达为人之道、为下之道、居上之道这三者，除了"学"别无他途。而善于为学的人，必定要知"道"。针对当时的社会现实，方孝孺认为天下并非没有学者，而根患在于士人不知"道"。他认为自三代以来，学者才、学不能兼备，原因都在于学而不知"道"。所以，"学非徒学也，必务得乎道"，为学是得"道"的重要途径。

何谓道？方孝孺提倡的"道"是儒家之道，也即圣人之道。圣人所谓的"道"，"其统为道德，其散为三纲二纪，其体为仁义，其用以为治天下法"。而世之学者往往只是学得其粗浅之处，不得其精髓，就是不得"道"。我们应该透彻地了解其中的真理，不能"知其为明，不知其质"。方孝孺以为，时人不得"道"的原因在于不知涵养之道，在于"藏之无素"，对"道"若有所得，辄"夸奇逞能，谬饰虚言"。当时学者多有不知"道"而追慕古人的弊病："闻其出于古，则以为善，虽有未至，不察也。闻其出于今，则以为不善，虽有至者，不察也。"方孝孺认为"道"之不明，实在是学者的过错。所以他提出，正确的态度应该是："君子之学，取其善，不究其人；师其道，不计其时。"天下之善一也，古与今之道均也，何以其人与时论之耶。只要有"善"便学，不计较其人是否为圣贤，只要有"道"便师，不管其人为古人或今人。天下的"善"与古今的"道"都是一样的，不应根据个人与时代的差异来决定是否学习。

方孝孺认为，为学不仅要有明确的目的，还要有具体的目标。他以射箭为例，说如果"茫茫然无所定志，极乎高远而射之，则终于不中"。"定志"便是确定个人的学习目标。这个目标又与方孝孺提出的"等圣"思想相关。他认为人如果为学之功如古人，则"为孔孟可也"，每个人都是"寒而火、暑而风、庐而居、车马而行、晨兴而夕寝，莫不与周公、孔子、颜、孟同；目能视、耳能听、手足持且行，亦莫有异者"，从衣食住行到身体职能，此四君子，"其性与吾同，其形与吾同"，并非能"四耳而三目、六五常而二其心",而且"吾心之所具者,亦未尝阙其一"。所以,方孝孺大胆地提出:"大得之而圣,深造之而贤,勉修之而为君子。圣贤君子非天坠而地出,人为之也。举夫人之身皆可为圣贤。"圣贤、君子也是普普通通的人,不应该把他们异化为神;每个人都具有成为圣贤、君子的潜质。为学又可以扩充良知良能,所以他认为应把成为圣贤作为自己为学的最高目标,"未至圣贤,终身不止"。方孝孺曾说:"周公、孔子与吾同也,可取而师也。颜子、孟子与吾同也,可取而友也。"他自比附孔孟,是把孔孟作为自己终身不懈追求的最高榜样,以实现"道"。

3. 为学态度。孝孺主张要有"学须有疑"的精神。明初实行专制主义的思想文化政策,没有一个宽松的文化氛围,且又大有理学独统的架势,这极大地束缚和妨害了学术思想的发展。在此种背景下,方孝孺提出"书不可尽信",因为"凡论往昔之事,远则求诸简册,近则验诸见闻。得于见闻者易习,而征诸简册者易忘。习者其美彰,忘者其美晦",而且有的事当时之人以为贵,后之论者或贱之。方孝孺认为古人之言有是有非,应该"是其是而非其非","以古人为皆然"的态度是不可取的。正确的做法应是"考其言以求其心,计其功以较其才,视其所处之难易,而参其成败",要有不轻信的精神。这种怀疑精神的侧重点在学史方面。方孝孺对当时被奉为权威的儒家典籍则持一种保守的态度,认为虽然没有怀疑精神,学术就不能昌明,但是"治经不可致疑也,疑经太过,则圣人之言不行",明确反对动摇圣人之学的权威性。

其实,这种辨经疑经的精神在儒者为学过程中、在儒家思想中可谓一以贯之。孟子曾有言:"尽信书,则不如无书。"方孝孺提出的"书不可尽信"，正与孟子之言遥相呼应。他的这种怀疑精神在明代后期王阳明等人身上也得到了体现。对于先贤的圣经典则，"苟求之于心而未会焉，未敢以为是也；众皆以为非，苟求之于心而有契焉，未敢以为非也"。即使是论朱熹、陆九渊，也不在于是朱非陆或是陆非朱，而在于得之于心。真正的"硕"士或善学之人，绝不会但据一先生之言，穷老尽气，不敢少异，甚至不顾自己内心是否安帖，死抱"信而无疑"的原则，而是必须"信而有疑"。总之，作为"读书种子"的方孝孺，他的怀疑精神在匡正学风、开启士人思想方面具有进步的意义。

4. 为学方法。方孝孺作为一代读书人的典范，他定有自己的过人之处。他曾经自我总结说："方氏之学，以行为本，以穷理诚身为要，以礼乐正教为用，因人以为教，而不强人所不能，师古为制，而不违时所不可，此其大较也。"明确地提出了自己的为学方法。

首先，开宗明义提出"以行为本"，为儒学正本清源，弘扬圣贤醇正的儒学。他指出："儒者之学，其至，圣人也。"而圣人之大，莫过于尧、舜、禹、汤、文、武、周公、孔子，这"八圣人之言行文章，具在六经，故后之学圣人者，舍六经无以为也"。为学的目的是得圣人之道，而圣人之道由六经来体现。另一个很关键的问题在于实践圣人之道，因为为学的最终目的也就是学做圣人，行圣人之道。这是一个行的问题，涉及有知而行，有知有行。

其次，为学应该知"要"，这是为学的大根本。方孝孺认为："为学不难，知要为贵。"他把"学贵要"列为君子四贵之首，对"要"给予了相当的重视。何谓"要"？方孝孺认为

"要"是五经所蕴含的义理，因为五经是天地之心、"三才之纪"、道德之本。细而言之，"圣人之道虽高深博大，然其要不过乎修己以治人，穷理以诚身"。方孝孺除了提倡知"要"，也提倡学者要博学，但"约"也不可忽略，要精于在博约之间收放自如。他说："孔子、孟子可谓博矣，然而孔子曰'吾一以贯之'，孟子也说'将以反说约也'。"在方孝孺看来，"要""博""约"这三个概念是相关联的。他对这三者之间关系的总结是"君子之学贵乎博而能约"，因为"博而不得其要，则涣漫而无归；徒约而不尽乎博，则局滞而无术"。如果能"尽万物之变而能会之于一心，穷万物之情而能折之以一理"，便是使三者和谐统一了。

再次，因人而教是方氏之学的另一特色。关于"因人以为教，而不强人所不能"，方孝孺有精辟的比喻："命轮人为弓，强之不从。"如果违背本性就会丧失上天赐予的禀赋，便不成其为自然之人。关于"因材施教"这一原则的实施办法，方孝孺也详加说明："小学"阶段，"敏者守之以重默，木者开之以英慧，柔者作之，强者抑之"。根据儿童气质差异而带来的表征，用相补的内容加以调节，"扶之、植之、摧之、激之"，从而使儿童气质趋向完美；"大学"阶段分为道术、政事、治经、文艺四教，也是因材施教。

最后，方孝孺认为为学应该做到以古为制。"人之有心，易纵难收。必学古道，乃可自修"，把古道作为修心之本。为了师法古道，方孝孺树立宋代君子为典范。他作喻道："为学不以宋之君子为师而欲达诸古，犹面山而趋，而欲适乎海也。"至于为何学宋，孝孺认为："自周以来，教化详明，得先王之意者，莫如宋。故宋之学术最为近古。大儒硕生，既皆深明乎道德性命之理，远追孔、孟之迹，而与之为徒。"正因为这个原因，方孝孺以恢复宋之旧俗作为终生的使命，并贯彻在他的实践中。

此外，方孝孺还反对学者自满，以己为牢。他说，正如"天不自以为高也，而凡物之高者莫及焉，地不自以为厚也，而凡物之厚者，莫尚焉"，圣贤之所以高出众人，正是因为"不自以为圣贤"而广师广学。孔子有上圣之资，犹且学乎《诗》《书》《易》《礼》，"至于耄老而不敢怠"，求教于老子、师襄、郯子、司掌太庙之人等，不耻下问，于人无所不问；道德修成之后，对人们尊他为圣"惊骇叹息而不居"，"与二人行则以为必有我师"。所以，方孝孺说只有虚怀若谷、广师博学才能最终有所成。

尤为可贵的是，方孝孺为学的时代整个社会学术萎靡，每况愈下，士大夫所学不过是为了沽名钓誉，全无学圣贤以提升自我修养之心。这些人不仅自己不为学，一旦听说有好学之人，还"嗤笑排谤谓之迂惑"。长此以往终是风俗污坏，以致士人"足己而自画，安陋而习惰"，整个社会"谦益虚逊之道消，而骄慢荒怠之风炽"。对此方孝孺忧心忡忡，其倡学之说的提出也便是必然之事。

作为明初理学家的代表人物，孝孺的为学观体现了儒家醇正的为学思想，与孔孟之学有着极为深厚的渊源关系。孔子曾说："古之学者为己，今之学者为人。"方孝孺以"古之学者"自期，修德修身修心，以至齐身孔孟，可说是孔子"为己之学"的治学主张播下的远因。孟子曾说："学问之道无他，求其放心而已矣。"方孝孺也认为，"学非为华宠名誉爵禄也，复其性，尽人之道焉耳"。他反对为"名"而学，还认为"所学

101

本非为名，聊以发吾所得耳"，是自己修身所得的发微，其为学的目的仍可归结到个人修养上来。

总之，方孝孺的为学思想涉及治学的方方面面，不遗巨细，这与他作为"读书种子"的个体追求分不开，也与其时代和家庭以及地域分不开。在明初极不端正的为学思想的氛围之下，在朝代转换的关键时期，方孝孺的为学思想可谓起到了非常积极的作用。

二、文学思想的形成

对于生在元末、长在明初的方孝孺，其文学思想的形成，既有社会政治与思想文化的因素，也与其所继承的文学传统及创作心态有关。简言之，是时代、传统、个体等多种因素相互作用贯通而成之。在元末明初的文化和政治环境中，因家学渊源和师承宋濂所受到的儒家正统观的熏陶、程朱理学得到提倡、激烈而又残酷的政治斗争，所有这一切都对方孝孺的行为思想产生了终其一生的影响，也铸就了他的文学观。

方孝孺出生时正值元末大乱。明朝始祚之时，他十二岁。东南财富地，江浙人文薮，方孝孺生活的浙东地区自古人才辈出，文化传统颇为深厚。他根植于传统文化土壤中，并成长于一个名儒之家，熏沐家学，幼年即饱读儒家经典。随着年龄的增长，他对于学问更是孜孜不倦地追求，十八岁前后就写出了《释统》《深虑论》等体现他的社会政治思想和仁义治国主张的文章。

二十岁时，方孝孺承父遗命受教于宋濂，给他的人生开启了新篇章。他前后向宋濂学习了四年，宋濂毫无保留地将自己的学问传授给孝孺："凡理学渊源之统，人文绝续之寄，盛衰几微之载，名物度数之变，无不肆言之，离析于一丝而会归于大通。"包括理学的创立、发展，礼乐教化的传承，朝代的兴衰更迭，制度名物的变化，等等，宋濂都"无不肆言之"。在宋濂的悉心教导下，方孝孺日有所进而月有所获，尽得其学。他受宋濂的影响之深，从他的文集《逊志斋集》中可以屡屡得见，比如卷十《与郑叔度书》其一云："学于太史公，而后知为学之道也。闻太史公之言，而后知天下之巨人也。"另外，方孝孺在从宋濂学习期间还接触了众多师长，与同门学友稽疑质惑，讲论问难。他在《与王修德八首》中对这段生活回忆道："在金华时，日接当世名人说论，恒见所未见，悟所未知，孳孳穷日，求以达之。……"除了宋濂之外，老师一辈人物胡翰、苏伯衡等人也对他产生了较大影响。受业宋濂门下，把方孝孺推向理学正宗，他的诗文理论及创作也深受宋濂及其他师长的启迪影响，除了承袭儒家诗教观念与实用性之外，更形成了自己的特色。

方孝孺的文学观与其政治理想相为表里。作为一个正直自任的知识分子，他笔端流出的自然是大气、直笔、为生民立命、为往圣继绝学、为万世开太平的理想与胸臆。

三、文道合、气昌辞达、因变的文学主张

方孝孺是一位学识丰厚，极有思想的学者，其文学思想也可谓是正宗而又独特。总体说来，他的文学思想包括一切为明道而已，文道合一，道明则气昌、气昌则辞达、文因时而变、文如其人等几个方面。

为文为明道而已

对于为文终身、学文终身的方孝孺来说，为文明道是其文学观中不变的基本要义。他的理想是承续儒家之道，不喜人视自己仅为一文人。他在《与郑叔度书》中说："从总角辄自誓惩，以为虽不易至孔子之堂奥，而颜孟之事皆在所愿学者，苟循其路而望其庐，乌有不至哉。复以欲知古人之道，必识古人文字，故时习章句。凡有所感触，亦间发之。其意在明斯道，非为文也。"又说："文所以载道，仆岂谓能之。仆所病者，秦汉以下斯道不明，为士者以文为业，能操笔书尺纸鸣一时，辄自负，以为圣人之学止此。文与道判裂不相属如此，何以谓文！仆所以畏文士之名而避之者，欲明斯道以为文，而反招俗之陋也。夫道者根也，文者枝也；道者膏也，文者焰也。膏不加而焰纾，根不大而枝茂者，未之见也。故有道者之文，不加斧凿而自成，其意正以醇，其气平以直，其陈理明而不繁，其决辞肆而不流，简而不遗。岂窃古句探陈言者所可及哉！文而效是，谓之载道可也；若不至于是，特小艺耳，何足以为文。"其中的"文以载道"，并非理学家所说的道作为内容的重要性，文字辞达可也，而是强调道须是文的内容，而浸透了道的内容的必然表现为好文章。

方孝孺在《逊志斋集·送牟元亮赵士贤归省序》中说："文所以明道也，文不足以明道，犹不闻也。"作文以"明道"为务，被方孝孺奉为"文"之根源的"道"，其意旨内容究竟为何？厘清"道"之内涵是把握方孝孺文学思想的关键。方孝孺在《与郑叔度书》中说："孔门以文学称者如子游、子夏，皆明乎圣人之道，通礼乐宪章之奥，未尝学为文也。"意思是，子游、子夏二人乃是在孔门四科之中以文学著称之弟子，而此二人之所以富有文学之名，是因为其文学内容在于阐扬发明夫子之教与圣王之道，攸关治国礼乐制度之具体内容与精神价值，二人之文乃"明乎圣人之道"之文。对于何为"圣人之道"，方孝孺在《答俞子严》中说道："盖圣人之大者，上莫过尧、舜、禹、汤、文、武，下莫加于周公、孔子，而此八圣人之言行文章，具在六经。故后之学圣人者，舍六经无以为也……人苟能发明六经者，大之于天下国家，小之于善一己，直易易耳，况文词乎……苟熟乎六经，则于道无所疑。""圣人之道"就在六经之中。方孝孺在《刘氏诗序》中对含蕴在六经之中的"圣人之道"作了论述，他分析了《诗经》的众家作品后得出结论：《诗经》三百零五篇作品，尽管各篇作者不一、内容各异，但是都依循着相同的基本原则，那就是"本于伦理之正，发于情性之真，而归乎礼义之极"，作者与内容正是在以礼义为最终极归趋目标的前提之下，抒发人类最真诚实在的情感。这在《刘榕园先生文集序》中亦得到了体现。方孝孺又在《答王秀才》一文中言："故断自汉以下至宋，取文之关乎道德政教者为书，为之文统。违乎此者，虽工不录；近乎此者，虽质不遗……勿以道德为虚器，勿以政教为空言，则文可得而学矣。"

文与道、文统与道统的关系历来不乏文人关注。唐代韩愈在《原道》一文中首先提出了儒学"道"的承传系统。韩愈要以道统的传续者自任，说："使其道由愈而粗传，虽死灭万万无恨。"在接续道统的同时，他也要接续文统，为了传古道而作古文。到了宋初，古文家们高度肯定了韩愈恢复道统与文统的历史功绩，并认为道统与文统是二而一的。而自宋代理学产生，道学与文章又成为两个对立的阵营，理学家程颐说："古之学者一，今之学者三，异端不与焉。一曰文章之学，二曰训诂之学，三曰儒者之学。欲趋道，舍儒者之学不可。"这就形成了义理之学与辞章之学的对立，将文章之学排除在儒者之学之外，道统与文统的分离也就成了历史的必然，此后文、道各有统绪。方孝孺以"道德政教"为纲选取汉到宋之间文学作品编辑为书，欲建立其所认定之"文统"。从以上引文可以看出其所谓"文统"者，实际上是为了阐明发扬和保持儒家"道统"精神所设立的，仍以儒家仁义礼教作为根本性原则。

方孝孺提出文以明道，与他极力主张改造社会的实践活动密切相关。他在《上范先生书》中说："道之大端，修己、治人二者而已……所以修己而为治人之本也；察乎礼乐、政教之具，所以治人而推修己之余也。古以由此二者也，故生民之类赖以无灭而至于今。"在《与郭士渊论文》中曰："圣人之言不可及，上足以发天地之心，次足以道性命之源，陈治乱之理，而可法于天下后世，垂之于文而无弊，是故谓之经。立言者必如经而后可。""率乎性命之理""发天地之心"，即诚意、修身；"察乎礼乐、政教之具""道性命之源，陈治乱之理"，即治国；"生民之类赖以无灭而至于今""法于天下后世，垂之于文而无弊"，即平天下。这正是儒家内圣外王的标准思想，是《大学》三纲领八条目的演绎，亦即立功、立言、立德三位一体的价值趋向。

方孝孺生活在元末乱世和明朝初治的时代，目睹"士习日陋""兵戈之余，斯道不振""流俗之坏也久矣"，于是以讲明道学为己任，以振作纲常为己责，试图效法诸葛亮、范仲淹、司马光等，以"大贤豪杰"的勇气振兴理学，使之大有为于世，强调文以明道致用。方孝孺认为自古以来正统的文章无一不是张扬道德、政教的，"圣人者出，作为礼乐、教化、刑罚以治之，修其五伦、六纪、天衷、人极以正之，而一寓之文"，故而强调"宗经"，效法经典。同时他认为文在"宣伦理政教之厚"的同时，还可"述风俗江山之美""探草木鱼虫之情状、妇人稚子之歌谣""博求当世非常可喜之事而述焉"，强调了文对道德、政治、民情风俗等社会生活承担广泛记录的社会责任。

方孝孺有感于士风日弊："士大夫学术卑陋驳杂，不复知圣贤成己正心之大方，苟焉以钓名取宠……稍旁句读，则自负以为能文。风俗既成，众咸趋之，而不可制。"认为士大夫为学不过是为了沽名钓誉，自娱娱人，这都是抛弃文人士子的社会责任、历史使命，求一己之私而无益于世的行为。方孝孺慨叹道："老者已死，少而壮者，不复知有经术。"学术萎靡，每况愈下，长此以往，终是风俗朽坏，以致士人"足己而自画，安陋而习惰"，整个社会"谦益虚逊之道消，而骄慢荒怠之风炽"。方孝孺在许多文章中表现出对此严峻现实的忧心忡忡："仆尝恨世之朋友，不察鄙陋为学之私志，而徒取其外之文，竞为诀言相传，导以为容悦。闻之惭恋愤闷，窃自悲叹，安得直谅之士以振吾过哉？"正是基于此，方孝孺强烈倡导用世和躬行践履之学，以济世的态度要求自己和天下文人。对于明初诗文应酬之风颇滥，赠别诀死之作充斥于人们的文集中，方孝孺批评甚烈："今文之所载，非诔死人徽而其赂，则媚权贵有气势之人以致其身，求其有益于世者，十无一二焉。""文与道判裂不相属，如此何以谓文？"方孝孺用此发问，有力地重申"明道"是为文和做人的根本原则和目的。

作为一个无法超出历史，无法走出儒家屋架的文人，方孝孺论学不能对文避而不谈。但是他又是一个如此醇正的儒家学者和治世者，其为学思想又是紧密围绕"道"而展开的。在"道"与"文"两者的关系中，"道"始终处于主导地位，而"文"不过是明"道"的工具或手段，只是"道之余器"。士人过度地学文甚至会妨碍对"道"的追求，就如玩物丧志一般，在他看来，玩文也可丧志。

文道合一

虽然方孝孺十分强调"道"的作用，并时时贬低"文"的作用，但是他也同样强调文章是道得以大力宣传的重要载体。在一些文章中，他提出"盖文与道相表里"，又说"文者，道所不能无"。还在《赠楼君诗卷题辞》中放言："可以与天地并存不朽者，惟文辞而已。"这两种态度似乎略显矛盾。实际上，虽然方孝孺一再强调文以"明道"为务，但文、道两者关系并不是对立的。在方孝孺的认知里，道与文是体与用之关系。

方孝孺认为道为体，文为用，文不能离开道这个内容。文不足以明道，则文只是一个形式上的空壳；文本乎"道"，则能挥洒自如，获得成就。在《送牟元亮赵士贤归省序》中，他提到："文所以明道也，文不足以明道，犹不闻也。""文者，道之余耳；苟得乎道，何患乎文之不肆耶？"同时，方孝孺认识到作为体的道，也是须臾不能离开文的："文者，道所不能无，而非所以为道也。""古人之为学，明其道而已。不得已而后有言，言之恐其不传，不得已而后有文。道充诸身，行被乎言，言而无迹，故假文以发之。"文是道的外在形式，道只有通过文来表现。所以，文与道是互为依存的。文，非道不立；

道，非文不传。方孝孺因此提出了"盖文与道相表里"的理论。

"文章与学术相表里"，蕴涵了圣人之道的学术又是必须通过文来记载的。如"八圣人"（尧、舜、禹、汤、文、武、周公、孔子）之言行文章，具在六经。所以，文载道、明道与否，实乃养俗化民、国家兴亡之关键。方孝孺曰："可以与天地并存不朽者，惟文辞而已。""圣人之文著于经，道之所由传也；贤者之文盛于伊洛，明斯道也。"还是以"明道"的标准来肯定载道之文的地位。

方孝孺在《与郑叔度书》和《答王秀才书》中回顾历史，总结了文与道的发展情况。他认为，"古之人未尝以文为学也……故雅颂之所陈，诰命之所述，《易》《礼》之所著……斯谓之文矣，而岂有意而为之哉？"屈原离骚，"皆出于天性……非拘拘执笔而为之也"，但到了他学生一代，渐失其师意，流于淫靡。汉以后，"天下莫不学为文，若司马相如、扬雄亦其特者，而无识为已甚"，从他们的文章"求其合乎道者，欲片言而不可得"。这种弊病蔓延在晋、宋、齐、梁之间，"盛于唐，甚于宋，流至于今，未知齐所止"。"士不知道盖久，世所推仰者惟在乎文章""以文辞为极致，而不知道德、政教为何事"，文人舍"道"而求"文"，致使不可胜计的"世俗之文"横溢流靡，而道统日渐衰微，教化不兴，国力不盛，正是方孝孺所谓的"不彼之即，而此之求""学稼于工，求鱼于猎"。面对这样一种舍本逐末的情景，抱经世淑民大志的方孝孺，自然不愿自己被加之文士之号，所以他对不合于道的世俗文章大加挞伐，务求除去颓风也就顺理成章。

文既然是形式、工具，那么对文之于道的工具性和工具的重要性的认识，就成为方孝孺重视文学创作的关键。方孝孺对诗文创作的技巧有所探索。他在《答王仲缙五首》之三中说到作文之法，提出了文章的几个要素：体裁、结构、立论、文意、气势，并作了阐发。概言之，他认为为文必须做到：第一，体裁前后统一，不虎头蛇尾；第二，结构严谨，不开邪僻小路；第三，气势昌盛，文章浑然一体；第四，文意贯通，文章脉络清晰；第五，立论正确，有裨于世。

方孝孺为文既然是为明道，文又不能舍弃，那么"文道合一"就成了他文章的最高理想。他在《与郭士渊论文》中指出，若要使文传之后世，必须做到文道俱至。在《送牟元亮赵士贤归省序》中他又说：古文家"其文昌""而道不足以逮文"；道学家"其道醇""而文不能以胜道"。可见，方孝孺真正认可和效仿的是"文道合一"，即道文俱至、内容与形式统一的文。

鉴于对文的重视，方孝孺对何种文足以使人感动和使人得道就相当重视。在《与楼希仁》一文中，他记述了自己先后到两湖、江浙、齐鲁、河南、陕西等地，与许多人交谈的经历。那些善于讲话的人，"声和而音雅，词切而义明，理约而不乱，端多而不复，听之使人洒然不倦"；而那些不善言辞者，"终日口吃吃，不能达意，杂乱滞涩，如醉梦中语"，使听者昏昏然"意闷不乐"。透过这件事，方孝孺感受到话语虽人人会说，但因各人的表达能力不同，听者的感觉好坏就差很多。受此启发，方孝孺说："文之美恶，正类此。"他以自己的阅读经历为证："读司马迁《史记》，终日数卷不倦，及览褚少孙《日者》《龟策》等传，未终纸，已欲弃去。"最后他得出一个结论："文岂易为耶！词之美恶，人之好恶系焉；人之好恶，世之传否系焉……"这种关注读者、关注接受效果的思想，极具前瞻性和科学性。

若从文字表达务求明白易晓、自然流畅出发，方孝孺佩服庄周、李白与苏轼的诗文成就，称之为"神于文"。他在《苏太史文集序》中说，"庄周之著书，李白之歌诗，放荡纵态，惟其所欲，而无不如意。彼岂学而为之哉""而举天下之智巧，莫能加焉。使二子者，有意而为之，则不能皆如其意，而于智巧也狭矣。庄周、李白之神于文者也，非工于文者所及也"。语言的自然流畅造就行文的气势，但这要求作者有灵感，有较强的形象思维能力。这种灵感和形象思维能力，方孝孺称之为"神"。庄周、李白所以能够"放荡纵态，惟其所欲"，是靠其灵心慧气的流露，亦即"默会乎神"的灵气。"天下之事出于智巧之所及者，皆其浅者也"，世上的事，利用智巧来达到的，都不是高明的。同样的道理，要使笔下的诗文看不出任何人工的痕迹，呈现的是一片自然浑成的境界，单纯靠技巧训练也是不能达到的。"圣贤君子之文发乎自然，成乎无为，不求工奇而至美，自足达而不肆，严而不构也，质而不浅也，奥而不晦也，正而不窒也，变而不诡也，辩而理，瞻而章，秩乎其有仪，烨乎其不枯，而文之奇至矣"。可见"明道之文"是既气势充沛，思想深刻，又出之自然，不加雕琢之文。

因此，文章的雕章琢句便必然为方孝孺所反对。他对元末以来文章之士雕章琢句、追求形式给予了批判："近世之诗大异于古……其弊至于华而不实，其弊至于构而无味。或以简淡为高，或以繁艳为美。要之皆非也。"对于当代文坛上奇怪之风漫布，方孝孺亦多有批评，如"近代文士有好奇者，以诞涩之词饰其浅易之意，攻讦当世之文。昧者群和从之，而三吴诸郡为尤甚"，等等。对于种种脱离实际、追求形式的弊端，方孝孺针锋相对地提出：文章"惟其理明辞达而止耳"。他说："文不可以不工，而恶乎好奇文；不可以不达，而恶乎浅易。浅易以为达，好奇以为工，几何？不至于怪且俗哉！善为文者，贵乎奇其意而易其词，骤而览之，矗矗觉其易也，徐思而绎之，虽极意工巧者莫加焉。若是者，其为至文乎，圣贤之文与后世之词纯驳工拙多寡不大相远也。"作文上要"奇其意，而易其词"，即在思想内容上多下功夫，使其立意精警高迈，而于文章语言，则应明白易晓。

道明则气昌，气昌则辞达

上文说孝孺提倡文章理明辞达而止，那么如何做到理明与辞达相沟通呢？他提出以气贯之。他的结论是"道明则气昌，气昌则辞达"。气之所以昌，是因为道明；辞之所以达，则因为气昌。因此孝孺主张以道御气："道者气之君，气者文之帅也。"以道御气，方向明确，时时紧扣道纲，这就使气昌有了保证。可见，重视气，是孝孺文学观的一个重要特征。他说："今之为士者，不患其无才，而患其无气；不患其无气，而患其不知道。"但是理明与气昌之间没有必然的联系，抓住了"明道"，也未必就能创作出传世的好作品。

那么孝孺所认为的文之帅的"气"究竟为何物呢？从《逊志斋集》中便可以总结出来。"气"是我国古典文学理论中的一个重要的概念。气有广义与狭义之分。孝孺所说的气，对于文章而言，广义上即指人的道德之气、浩然之气，"故气之所至，志之所发，浩乎可以冲乎宇宙，卓乎可以质鬼神"。方孝孺认为，今之学者缺乏道德品行、内在精神的修养，所以不如古人。品德修养实为方孝孺所倡之"气"的要旨。同时孝孺的"气"，又指人的精气，即作者的创作精力，因此他说："圣贤之道，以养气为本，今人之不如古者，气不充也。"这里所说的养气，即是自持创作的精力，养成从容的创作态度。

历史上曹丕在《典论·论文》中以气质论作家个性差别后，又有刘勰在《文心雕龙·风骨》中以"气"论文章之风骨，随后再有韩愈之气盛言宜的主张，可以说形成了传统"气"论的基本内涵，即作家个性与道德修养的共同体。中唐之后"气"论因道的内涵介入，越来越显示了较浓厚的伦理色彩。孝孺的气论，可谓颇得前辈气论家的真谛。

方孝孺的狭义的气，是专指文章的气势。他说："夫所谓达者，如决江河而注之海，不劳余力，顺流直趋，终焉万里，势之所能，裂山转石……鼓之如雷霆，蒸之如烟云，登之如太空……回旋曲折，而不见艰难辛苦之态，必至于极而后止。"这样的行文气势，非大手笔不能得，非有灵感不能得，它要求有较强的形象思维能力。这种状态，孝孺命之曰"神"，说"工可学而至，神非学所能至也，惟心通乎神者能之，神诚含于心，犹龙之于雨"，取得一点，即可"被八荒，泽万物"。庄子、李白、苏轼等是孝孺说的"通乎神""神于文"的大家，孝孺对他们倾心折服。这也正是孝孺自身在写作上不拘一格、不一味泥古的反映。孝孺之所以被四库馆臣赞为"纵横豪放，颇出入于东坡、龙川之间"，其原因大概就在于此吧！

方孝孺文学思想的核心在于"气""道""文"三者的统一："盖文与道相表里，不可勉而为。道者，气之君，气者，文之帅也。道明则气昌，气昌则辞达，文者，辞达而已矣。"首先，道明气昌。他说："道，譬之源也；气，譬之水也；文，譬之能载也。盖有无其源而不能为水者矣，未有水既盈而不载者也。"他把道比作源，把气比作水，用源流丰足了水自然流畅的简明道理，来比喻道明和气昌之间的因果关系，但并不流于表面。"道者气之君"，方孝孺主张的是以道御气，具体的途径则是"终身由乎礼义之途，使内不愧于天，外不挫于人"，即通过仁义道德的修养，高尚精神的陶冶，持志以养气。其次，气昌则辞达。前人论及气的有，论及辞达的有，孝孺的创造在于把养气与撰文区分开来。他从具体创作的角度，说明"气"影响诗文表达，从而引入了"辞达"的概念。辞达与方孝孺说的"气不充，则言不章""气欲其昌，不昌则破碎断裂而不成章"是一个道理。"气"之有无，"气"之充盈与否，影响文章的表达，从而关系到文的优劣。

因为有"济世之道""绝伦之才"，所以"气昌"，"气昌"而"辞达"。道与气相合，文章才具备坚实的内容与沛然的力度。

文因时而变，文如其人

如上所述，文学的本质是文以明道，文道合一、道明气昌，无不是以明道为终极目标。但方孝孺在文学发展的认知方面，却不是停滞不前的。

方孝孺虽然强调宗经、师古、征圣，但他不是采取墨守成规的态度，而是把"学须有疑"，文因时而变的精神贯穿于其中。在《非非子医书序》中，方孝孺反对厚古薄今："古之言未必皆善，今之言未必皆非。……学者之患，在乎慕古而不知道。闻其出于古，则以为善。虽有未至不察也。闻其出于今，则以为不善，虽有至者不察也。"凭自己的主观想法或随社会舆论去判断古今事物"善"与"不善"，是难以得出公正之论的。方孝孺要求文人善于察辩，"考其言以求其心，计其功以较其才，视其所处之难易，而参其成败"。不盲从前人，也不对今人妄加鄙薄。他在《义门诗序》中说："秦汉以来，治道淹熄，先王之泽不可复见，所存者独《诗》为粗完。……然其言虽存，而不易入人，诵者不解其意，况与闻之者哉？盖世远而事异，旨微而理密，人不为之感者固宜也。"作为理学家，方孝孺大胆指出了儒家"五经"之一《诗经》的不足。方孝孺为学过程中的这种辨疑精神，在儒家思想中可谓一以贯之。如孟子曾有言："尽信书，则不如无书。"方孝孺勇于提出"书不可尽信"，正与孟子之言前后呼应。明初程朱理学独尊天下，公式化八股文使读书人思想的自由空间越来越小，极大地束缚和阻碍了学术思想的发展。方孝孺这些精神无疑具有进步性，在匡正学风、开启士人思想方面具有正面的引导意义。

明初复古尊经已成时尚。洪武中期，宗唐抑宋之风兴起。闽中文人高棅因编选了《唐诗品汇》和《唐诗正声》而享大名。他的唐诗选本成为时人作文的范本。文人对唐诗的肯定，与其说是诗歌理论上的尊奉，不如说是对盛唐气象的向往。文人的目的正是倡导作家创作要与国家初兴相一致，力图为鸿业初开的明王朝描画一派盛世景象。

对于宗唐抑宋的倾向，方孝孺有诗云："大历诸公制作新，力排旧习祖唐人。粗豪未脱风沙气，难低熙丰作后尘。"这是对元代宗唐抑宋风气提出批评，又是对明代宗唐抑宋风气提出警示，对于过分宗唐抑宋持否定态度。这一方面是出于其明王道、致太平、崇儒述朱的理学立场，方孝孺认为，宋代"大儒硕生既深明乎道德性命之理，远追孔、孟之迹"，其道德学术自是可学之文，自是一代学人须终日捧读的，不可一日或缺，更不能弃之。针对宗唐抑宋倾向，方孝孺提出了"文因时而变"和"文如其人"的文学观。在《时习斋诗集序》中，他揭示"体之变，时也；不变于时者，道也。因其时而师古道者，有志于诗者也。……唐之杜拾遗、韩吏部皆深于诗……其体唐也，而其道则古也"。"古道"，即儒家社会政治之道；"因其时"，即诗体应随着时代的变化而变化；"因其时而师古道"，诗歌在道不变的前提下，文体形式上不能泥古，文学形式的发展应随时代变革而反映出时代特色，产生新的表现形式。

方孝孺在《与郭士渊论文》中进一步深刻指出："盖斯文之在人，如造化之于一物，岁异而日新，多态而善变，使人观之而不厌，用之而无穷，不失荣悴消长之常理，乃足为文。"这种对创作"苟日新，日日新"，求新、求变、求多态的主张，反映出方孝孺的复古思想与明初"诗必盛唐"的复古是大有不同的。他提倡的并不是文章体制之守旧，而是对古人之心的回归。他强调体裁要"因时而变""因时而异"，阐明了文学作品与时代的关系。

尤其值得称道的是，方孝孺不仅重视文学的创新，而且还注意到文学创作的个性化。他说："自古至今，文之不同类乎，人者岂不然乎?"在《张彦辉文集序》这篇文章里，他对战国诸子，唐宋八大家，元末以来的姚舒、虞集、黄溍、欧阳玄、宋濂等各位大家的文学风格和个性一一作了评论。他说："庄周（庄子）为人有壶视天地、囊括万物之态，故其文宏博而放肆，飘飘然若云游龙蹇不可守。""永叔（欧阳修）厚重渊洁，故其文委曲平和。""至于今，则潜溪先生（宋濂）出焉。先生以诚笃和毅之质，宏奥玄深之识，发而为文。"他认为，人因为所生长与身处的环境不同，遭遇也有所不同，故其创作情绪必将不同，心神有异，创作风格也必是不同的，文章风格形式表现出作者本身的特殊性情，这就是"文如其人"说。方孝孺肯定了文的各异性："人之为文岂故为尔不同哉？其形人人殊，声音笑貌人人殊，其言固不得而强同也，而亦不必一拘乎同也。"

故而在洪武年间，文人一致标举雅正、宗法盛唐的时候，方孝孺却力排众议，推崇宋诗。他认为宋代学者的文章立意、主题做到了"理精而旨远，气盛而说详"，是学者文人应学习的。他还发出了"举世皆宗李杜诗，不知李杜更宗谁！能探风雅无穷意，始是乾坤绝妙词"的感慨。方孝孺"文如其人"的文学观突出表现在他从审美角度对宋诗的肯定。他认为，正因为"文如其人"，故而文人创作应该各具特色，不拘一格，怎可一味地模仿盛唐诗呢？在"道"亘古不移的情况之下，文学表现内容的宗旨只要依循"明道"与"载道"的基本原则，无论形式如何迁移，风格如何殊异，它都是方孝孺称之为"文"的文。这种强调文章不一味泥古、不拘一格的文学观，体现了方孝孺对诗文体裁多样性和风格互异性的尊重和认可。

四、散文理论与创作特色

总体上看，方孝孺的散文理论不脱离他大的文学方向，这里就他主张如何为文这一具体的"术"的问题叙其梗概。关于如何学习为文，方孝孺提出两点：

首先是学习六经，以六经为典则。他认为尧、舜、禹、汤、文、武和周公、孔子八位圣人的言行文章具在六经，故后来学圣人的人们，舍弃六经就无所学了。方孝孺还认为作文当"心会于神"，心领神会才是成熟的表现。他说："庄周之著书，李白之歌诗，放荡纵态，惟其所欲，而无不如意。彼岂学而为之哉？其心默会乎神，故无所用其智巧，而举天下之智巧莫能加焉。"由此，他认为："效古人之文者，非能文者也，惟心会于神者能之。"文当行于所当行，而止于不可不止。这一观点，其实也是对机械模仿古人，"竭智巧以学之而不得其意"的形式主义者的批评。

其次是要掌握文法。方孝孺认为："盖文之法，有体裁，有章程，本乎理，行乎意，而导乎气。气以贯之，意以命之，理以主之，章程以核之，体裁以正之。体裁欲其完……章程欲其严，不严则前甲而后乙……气欲其昌，不昌则破碎断裂而不成幸，意欲共贯……理欲其无疵，有疵则气沮句惭，虽工而于世无所神。"韩愈提倡古文的主张，主要是宋代周敦颐所概括的"文以载道"。韩愈认为，要文道合一，人品修养是根本，"本深而末茂，形大而声宏"。他把加强修养与驾驭语言的关系比作水与浮物，说："气，水也，言，浮物也，水大而物之浮者大小毕浮。气之与言犹是也。气盛则言之短长与声之高下者皆宜。"方孝孺忠实地继承了韩愈的这些观点。他所谓的"理以主之""气以贯之"，正是根于韩愈的"本深而末茂，形大而声宏"。尤其值得关注的是孝孺讲文法，除提出"本乎理""导乎气"之外，还提出"体裁欲其完""章程欲其严""文意欲其贯"的新内容。此处所言"体裁"，大体相当于现在我们说的"结构"，结构要完整，否则将虎头蛇尾，不足为文；所言"章程"，大致相当于当今说的"章法"，章法要严谨，否则将前后不一，不成其文；所谓"行乎意"，相当于文章立意要高，要根据立意行文，使文意贯通。

很显然，方孝孺把儒家道统作为文章的内容和本源，无疑有其保守性，但若客观地分析，其中也不乏一些突破传统的闪光点。他生活在宋元之后的明初，对宋时道学家们重道轻文，甚至认为"作文害道"的观点有异议。比如，《二程语录》中载程颐语曰："问作文害道否？曰害也。《书》云：'玩物丧志，为文亦玩物也。'"这种观点在宋元之际还有相当的市场。方孝孺虽然也提倡文道合一，文以明道，但却是继承韩愈的古文运动理论，而与程颐等道学家的观点不同。他注意到了文章是抒发不平的工具，当"抑郁感慨无以泄其中，各托于言而寓焉"，还注重文章自身的艺术形式和写作技巧，谈及文章的体裁、章程、文气、立意等基本问题。这不可不谓是对古代散文和文章学理论的发展和贡献。还有前面提到的他所说的"文之为用，明道立政"，以及主张作文要"心会于神"，反对机械地模拟古人，也都发展了传统文论。这对于批判宋明理学家将文道割裂、重道轻文的观点，对于批判明初脱离实际和"潜窃阳剽"的形式主义文风，都有积极的意义。方孝孺提倡的"六经为本"说以及对司马、韩、柳、欧、苏等大家的推崇，客观上也对明代中叶"唐宋派"的兴起及其散文理论产生了一定影响。因此，对于方孝孺的散文理论，我们当一分为二地看待。

方孝孺著有《逊志斋集》，原本三十卷，拾遗十卷。正德中，顾磷守台州时重刻合并为二十四卷，凡杂著八卷、书三卷、序三卷、记三卷、题跋一卷、赞一卷、祭文诔哀辞一卷、行状传一卷、碑表志一卷、诗二卷，是为今天看到的通行本。方孝孺的散文涉及体裁众多，其中杂著文名不一，共一百七十多篇；以"书""序"为名的多为诗文论、史论、政论，有一百四十多篇；以"记""行状""传"为名的多为亭楼堂院记、山水游记、人物传记，共一百余篇；"祭文""诔""哀辞"及"碑表志"近六十篇；题跋文三十四篇；赞四十九篇；以"表""笺""颂"等为名的公文数篇。

杂著共有八卷，内容包纳百川，集中寄寓了方孝孺的儒家思想、主张和理想。前三卷都是直接宣扬儒家礼义和教化的，文章主题鲜明，多微言笃论。杂著卷四收录了方孝孺诸多辩证诸子之说。卷五是四十余篇古代名人评传，都以儒家仁义道德为评价标准。卷六《越巫》《指喻》等十多篇文章是取喻设论、指陈时弊的小品文，均是方孝孺有感于明初社会的不良风尚和时弊，作之"以为世戒"的警世振俗之文。卷七中除了《灵芝甘露颂》等四篇应制文外，以"铭""字说""字解"等为题的二十多篇文章都是从亭楼堂院名及人的字出发，借字来阐述儒家道德。卷八内容较杂，包括一些论"时文"的文章，如《考详文》《戒妖文》，还有数篇赋。

"书""序"在《逊志斋集》中占了较大篇幅，多为方孝孺的诗文论、史论、政论。"书"多为与其师友、学生们的书信往来，如《与士修书二首》《与郑叔度书》《答刘养浩书二首》《答林嘉猷书》《与郭士渊书》等；"序"包括为他人诗、文集写的序和赠友人的序以及一些族谱序，如《宋学士续文粹序》《刘氏诗序》《赠王仲缙序》《赠郭士渊序》《方氏族谱序》等。方孝孺诗文论、史论、政论都离不开"儒家之道"。他的主要文学思想就散见于这些书、序中，加以梳理，自然成一脉络。

"记"在《逊志斋集》中占有一定比例，多为亭楼堂院记和山水游记。这些散文并不重在用抒情笔触描述亭楼堂院和山水草木，而是把自己的思想、情感、用心涵泳在文章中，有机而发。《题听琴轩记后》感叹"知己之难遇""天下之事才而有为者非难，知其才而用之者为难"；《游清泉山记》有感于"清泉山近而易至"，所以"虽无峭异之观而游者甚众"，顿悟"高远者难悦于时俗，而卑近易至者乃为常情所喜"。

"题跋"多寓道德之论于其中；"赞""祭文""墓志铭"等多以道德论人，用心是在"取其事""赞其美""以为法"。如《林君墓表》记载宁海籍县吏林君的耿介正直，不唯上是从，冒死为民请命等；"行状""传"为人物传记，记述的都是作者认可的道德高尚之士以及符合风化的节妇、贤妇。文章往往在叙事中说理，摘取主人公的嘉言美行，加以赞美，一方面可显耀他们的德行，另一方面使后世子孙能有所仿效。纵观方孝孺的散文创作，大致有以下三个特点。

醇深雄迈，纵横豪放

《明史·方孝孺传》云："孝孺工文章，醇深雄迈。"《四库全书总目提要》云："孝孺学术醇正，而文章乃纵横豪放，颇出入于东坡、龙川之间。"总体而论，把孝孺与苏轼并提，显为过誉，而若单从议论文看，说孝孺文风豪放雄健，颇似苏轼、陈亮，则大体公允。

黄宗羲的《明儒学案》说，孝孺认为"文不足为也，人道之路，莫切于公私义利之辨，念虑之兴，当静以察之"。即文章没什么值得用力的，是为公私义利和兴衰治理，所以作《幼仪杂箴》二十首，《宗仪》九篇，《深虑论》十篇，列《杂铭》以自警。方孝孺始终把"文以明道""明道立政"作为自己诗文创作的指导思想和根本目的，所以他直以圣贤自任，《幼仪》

《宗仪》《杂铭》等作，大都宣扬儒家礼义和教化，因此被视为"醇正"。如《杂铭》十四说，"仕之道三：诚以格君，正以持身，仁以恤民，而不以利禄挠乎中。一存乎利禄，则凡所为者背殉乎，苟人者失其天，失天而得，人愈贵而犹贱也。"

真正能代表其豪放雄健特色的，当推《深虑论》等政论文。十篇《深虑论》中，有的总结古代圣贤治国的经验，"惟积至诚，用大德以结乎天心"（其一）；有的阐述"夫人民者，天下之元气也。人君得之则治，失之则乱，顺其道则安，逆其道则危"，主张行仁政而缓刑法（其二）；有的论述治天下者，"其大患在于治之非其法，其次则患守法者非其人也"（其四）；有的提倡治天下当以"礼乐仁义"（其五），"施教化，美风俗"（其七）；有的主张"为国之道，莫先于用人"（其十），应当"明以择人，诚以用贤"（其九）。概言之，《深虑论》虽本乎儒家道统，但因为其意已不全在于维护封建统治，亦"拳拳之心为生民虑尔"（方孝孺语），所以文章立意醇正，持守严明，显得志刚气锐，词锋浩然，读来醇深雄迈，颇有气势。其《释统》《务学》《谨行》《修德》等文，也大都与《深虑论》风格相近。

另外，方孝孺的一些杂著也有其一贯的纵横豪放的文风。试以《读陈同甫上宋孝宗四书》为例。在南宋危亡之际，身为布衣的陈亮连上孝宗四书，建议统治者"痛自克责"，以报仇雪耻，收复中原。陈亮慷慨激昂之言，堂堂正正之文，令二百年后的方孝孺读后产生强烈的共鸣。在此短文中，他首先高度评价了陈亮这位爱国志士，赞其为"俊杰丈夫"，继而对陈亮的怀才不遇、生不逢时、"死于布衣而不用"深感惋惜。自古惺惺惜惺惺，当年陈亮披肝沥胆，慷慨陈词，而读孝孺此文，我们也可见其精忠赤诚的爱国之心，感受到他与陈亮心灵的共振。当年陈亮曾怒责"今世之儒士，自以为得正心诚意之学者，皆风痹不知痛痒之人也""今世之才臣，自以为得富国强兵之术者，皆狂惑以肆叫呼之人也"，无独有偶，方孝孺亦痛斥"世愈下而俗愈变"之颓风和"士大失厌厌无气"，苟安自保，"不敢叱一辞"的麻木不仁。南宋的道学家们"低头拱手以谈性命""风痹不知痛痒"，二百年后的明初，旧病遗传，且遗祸更烈，世风更下。孝孺结句"俗之相下如此，使同甫而见之，当何如耶"，寄寓了作者深沉的感慨和激愤，进一步深化了感古伤今、济世振俗的主题。文章虽只三百余字，但爱国之心、忧国之情溢于言表，理直气壮，气势充沛，足以表现其拳拳的赤子之心。

理明辞达，生动明快

唐代"诗圣"杜甫早年有"性豪业嗜酒，嫉恶怀刚肠。饮酣视八极，俗物都茫茫"，孔子有"辞达而已矣"，孟子曰"不直，则道不见"，孝孺之师宋濂则曰："大抵为文者，欲其辞达而道明。"大抵是受了前贤的影响，方孝孺也自言："平生野性疏直，为文亦多激切，少温婉之韵。"孝孺不满当时文坛的"厌常而喜怪，背正而嗜奇"和"险涩艰陋"，主张为文当"惟其理明辞达而止耳"。他自己也努力践行辞达而止的理念。前面所列举孝孺的一些书信、杂著，大都语言质朴，文意畅达，生动明快，以记叙、描写为主的散文也是如此。例如："饥而食，饱而嬉，营私而牟利，生无闻而死无述者，众人也；食焉而思，思焉而行，不忧其身之穷而忧道之不修，不惧其家之无财而惧乎名之沸扬者，君子也。众人之所为，切于身而见效近，故人之趋事者多；君子之所务，事既缓而功亦迟，故众人多笑之，而不知众人之所为又君子之所恶也。……则区区之富贵者何足道，而士之贫贱又何足憾哉！"这是一篇以记叙为主的赠序。文章先以"众人"与"君子"对举，继以说明荣华富贵和权势只不过如同过眼烟云，转瞬即逝，而当年固穷持操，"梅妻鹤子"的林逋，却为民称颂，百世流芳。文末交代写作本篇赠序的缘由，鼓励朋友"为学之足恃而益思自勉"，也是教育那些只知营私牟利的目光短浅者。令人骤而览之，确为理明辞达、质朴意高之佳作。

此外，像《非非子医书序》《求古斋记》，反对厚古薄今，主张"古之言未必皆善，今之言未必皆非"，不论今古，"取其善而已"；《懋记》认为"士之可贵者在节"，国家"不可一日无节气之臣"；《书夷山稿序后》认为"人之穷达在心志之屈伸，不在贫贱富贵"；《题听琴轩记后》感叹"知己之难遇"，"天下之事才而有为者非难，知其才而用之者为难"；《游清泉山记》有感于清泉山近而易至，所以虽无峭异之观而游者甚众，顿悟高远者难悦于时俗，而卑近易至者乃为常情所喜"，以及《成都杜先生草堂碑》等文，虽然体裁不一，或赠序，或题记，或墓表，或碑志，但大都朴茂质实，理明辞达。

以物喻理，意蕴深远

孝孺的部分文章，如《蚊对》《指喻》《越巫》《鼻对》《吴士》《溪喻》等，均构思巧妙，以物喻理，意蕴深远，发人深省。

《蚊对》是一篇探讨生活哲理的伦理散文，即事喻理，从生活琐事升华到人生重大的哲理和政治现实。文章一开始就描

124

写童子打鼾：“其音如雷，生惊寤，以为风雨且至也，**抱膝而坐**。”逼真而情趣天然：天台生被扰醒后，并未意识到是童子的鼾声，以为是风雨将作，故抱膝坐于帐中。写蚊子的声音“如歌如诉，如怨如慕”，写被咬之人“拂肱刺肉，扑股嘬面，毛发尽竖，肌肉欲颤”。接着写“蚊且犹畏谨恐惧白昼不敢露其形，瞰人之不见，乘人之困怠，而后有求焉”，不过醉翁之意不在酒，笔锋一转，直写甚于蚊子的剥削者，“白昼俨然乘其同类之间而陵之，吮其膏而齝其脑”，饿殍“离流于道路，呼天之声相接也，而且无恤之者”。大胆揭示了当时社会人剥削人、人压迫人的现象，揭露了那些衣冠禽兽的吸血鬼本质，不愧为一篇很有锋芒的战斗檄文。

《指喻》是一篇开掘很深，选材严谨的议论性散文，由叙事和议论两部分组成。借喻立说，两者紧密结合，相得益彰。通过拇指之病，说明“天下之事常发于至微，而终为大患”，劝人“宜以拇病为戒”，防微杜渐，妥善处理国家大事。文章层次也很分明，上文有一处点眼，下文即处处回抱。全篇不论叙事，抑或是议论，或娓娓道来，或侃侃而谈，在细致的叙述和论析中升华题旨，令人触目惊心。

《越巫》写驱鬼：“立坛场，鸣角振铃，跳掷叫呼，为胡旋舞，禳之。”寥寥十七字，将驱鬼场面写得令人如临其境。而后写恶少怒越巫“我善治鬼，鬼莫敢我抗”的谎言，决定戏弄他，未曾想越巫自恫而死。这篇散文生动地叙述了惯于装神弄鬼的越巫因恶少装鬼而被吓死的故事，鞭挞了招摇撞骗、自欺欺人的越巫之流，也揭示了骗人者始害人，终则害己的道理。文章叙事生动而简洁，立意正大而具警策意味。作者不加褒贬臧否，但倾向鲜明，让人领悟妄言欺人者“不自知其非”。

《吴士》被称为《越巫》的姊妹篇，通过"好夸言，自高其能""谈必推孙、吴"的吴士最终辕门被诛的悲剧，形象地揭示了浮夸害人这一生活的真谛。《吴士》与《越巫》，均是孝孺有感于明初"好诞""好夸"的不良风尚和时弊，作之"以为世戒"的警世振俗之文。

　　《鼻对》同样承袭这一特色。作者烤火取暖，衣服着火而不觉，直到疼痛才觉察，于是狠骂鼻子。鼻子有理有据地加以反驳，认为受任二十有二个春秋，什么腐腥秽毒都要它去判断，而人自己昧于治身，切肤之痛自己尚不自知，鼻子有何责任？文章跌宕起伏，掷地有声，极具感染力。鼻子的反驳，揭示了这样一个道理：人民全权服务于统治者，而上不知道恤下，稍有不适，就对人民颐指气使。文章反映了人民被迫服务却仍然遭到镇压的悲剧现实。

　　此类文章，既汲取了先秦和唐代柳宗元寓言小品的优良传统，又能借鉴杂文和小说的一些艺术技巧，故能自成一体，别有韵味。它们往往从现实生活的实际事例出发，借物喻理，以小喻大，生动而具警策味，意蕴深远，富有理趣，堪称我国古代寓言散文的佳作。

　　方孝孺作为一位理学家，其文学思想与功绩，可借用嘉靖四十年（1561）台州知府王可大的话来评论："文不足以语先生，而先生之蕴蓄底里、操履经略实因文以见。……先生归依诸君子，以讲明道学为己任，以振作纲常为己责，以继往绪、开来学为己事，以辅君德、起民瘼为己业。……而二百年来，不问贤不肖，皆知有先生，皆知有先生之文。"从"明道立政"而言，方孝孺自然功绩卓著，"在当时已称程、朱复出""与紫阳（朱熹）真相伯仲，固为有明之学祖也"（黄宗羲《明儒学案》）。

从文学角度来看，方氏散文"敬义以为衣，忠信以为冠，慈仁以为佩，廉知以为鞶"（宋濂《送希直归宁海五十四韵》），未免说教有余而文采不足；重道轻文的思想，更是明显影响了其散文的文学艺术性。哀婉悱恻、血泪交萦的感情流泻说不上，清新流畅，笔触和情致宛如行云流水也算不得。但方孝孺散文以其识见卓迈、豪放雄健和简练质朴享誉明初文坛。特别是其议论文，继承了孟子论辩的纵横捭阖和浩然之气，又有苏轼政论汪洋恣肆、明晰透辟之长，立意正大而具警策意味，醇深雄迈，理明辞达。在宋濂、刘基之后的明初，确实可卓然称大家，"特立眇千古"。

五、品高气宏的诗歌

据前人统计，方孝孺有诗歌四百首，其中古诗一百七十首，五言律诗七十六首，七言律诗十四首，五言绝句十首，七言绝句一百三十首。从艺术和文学史的角度来看，孝孺诗歌的成就稍逊色于他的散文和政论文，数量也不是最多。这大概和他不专事文学有关，另外早逝也是个不可忽略的因素。《四库全书总目》说孝孺"出入于东坡、龙川之间"，主要是就他的文章而言。如前文所述，孝孺论诗也主张载道，强调诗也要以思想内容为主。自然，他的诗歌必受此约束而不免忽视对创作技巧和风格的追求。

但这并不妨碍他的诗歌成就之高，而有"方正学先生集，传之天下，人人知，爱诵之"的美誉。陈田在编《明诗纪事》时引用了这段话，可知"人人知，爱诵之"所指的就是孝孺的诗歌。《明诗纪事》收录了孝孺十一首诗。沈德潜编《明诗别裁集》也收录了孝孺五首诗歌，虽然未对其作评论，但是基于选诗的标准，便可知孝孺诗的地位。

由于孝孺并不把文章当作主业，立言是立功立德的手段和工具，因此其诗歌中酬唱教化之作占了不小的比例。但这一部分或许是感情没经过沉淀，或许是此类辞本难工，所以从审美的角度来说，成就反而不是很高。这类诗写得方圆有矩度，就难免流于代言而缺乏自己的真情实感。相反，倒是其他类型的诗歌写得或恻然，或激奋，或清新自然明朗，风格各异，散发出诗歌特有的艺术魅力。

孝孺作文多发历史兴怀之感，作诗亦然，多作咏史诗。较具代表性的如《歌风台》《潼关》《淮阴》《赤壁》等。虽然隐晦曲折，但锐气毕露。

《歌风台》曰：

歌风台下春水黄，歌风台上春草碧。黄河之水日夜流，碧草年年自春色。汉祖当时为帝王，龙泉三尺飞秋霜。五年马上得天下，富贵乐在归还乡。台前老人争拜跪，拄杖麻衣见天子。龙颜自喜还自伤，一半随龙半随鬼。翻思昔日亭长时，一心捧檄日夜驰。即今宇宙过四海，一榻之外谁撑持。却令猛士镇寰宇，安得长年在乡里。可怜创业垂统君，后使乾机付诸吕。淮阴少年韩将军，金戈铁马立战勋。藏弓烹狗太逼迫，解衣推食何殷勤。致令英雄遭妇手，血溅红裙当斩首。萧何下狱子房归，左右功臣皆掣肘。还乡悲唱大风歌，向来老将今无多。咸阳宫阙亲眼见，不忍荆棘埋铜驼。台前老人泪如雨，为言不独汉高祖。古来世事无不然，稍稍功成忘险阻。荒祠古庙名歌台，前人已尽今人哀。感激悲歌下台去，断碑春雨生毒苔。

《淮阴》曰：

淮阴城头落日黄，淮阴城下秋草荒。古城西绕淮水长，犹如背水阵堂堂。当时大将功无双，颠嬴蹴项勇莫当。丈夫何乃为假王，至今遗恨令人伤。漂母一饭千金偿，解衣推食那敢忘。相君之背贵莫量，蒯生此语无忠良。慎弗出口遭吾撞，歌风帝子归故乡。思得勇士守四方，胡为鸟尽良弓藏？

这两首诗可以说都是采用了借古人之酒杯，浇今世之块垒的笔法。诗句曲折隐晦，但明眼人一读便晓其意，由汉朝刘邦而想见大明朱元璋，历史中有现实。《歌风台》为孝孺过沛县见汉高祖刘邦歌风台遗迹有感而作。诗中感叹"淮阴少年韩将军，金戈铁马立战勋"，到头来却落得个身首异处的悲惨结局。这正是因为他想到朱元璋为了巩固统治而尽诛功臣的现实，从而对历史的惊人相似之处不胜感慨，抨击汉高祖和吕后鸟尽弓藏，"致令英雄遭妇手"。同时又借古之事来讽今"还乡悲唱大风歌，向来老将今无多""古来世事无不然"，"荒祠古庙名歌台，前人已尽今人哀"。孝孺写到这里并没有戛然而止，而是提升到了一个新的高度："台前老人泪如雨，为言不独汉高祖。"这样实际上就把锋芒指向了当时的最高统治者朱元璋。

《淮阴》一诗，可视为《歌风台》的姊妹篇。诗中针对刘邦"安得猛士兮守四方"所表现出来的求贤若渴心理，发出诘问。对刘邦只能共患难、不能同富贵，肆意诛杀开国功臣的残暴行径表示了极大的愤慨和声讨。但是，他所要表达的不仅是对朱元璋杀戮功臣的愤怒，还有对因诛戮功臣、朝中"文武名臣几尽"而带来的嗣君弱、诸王强的局面的深深忧虑。

这两首诗，在写作手法上都借巡礼古迹而发感慨。《歌风台》起首有景色描写："歌风台下春水黄，歌风台上春草碧。"《淮阴》开头也有"淮阴城头落日黄，淮阴城下秋草荒"句，由景而人而事，对历史事实的叙述为实，对历史事件的评价为虚。二者在写法上的这种相似，看似平淡实则颇有韵致，倾注的感情又极具悲剧的意味，使人读之顿生历史沧桑之感。同时由于对比今朝，作者的目的与憎恶就灿然而明了。

孝孺的这些咏史诗自然有一股"毅然自命之气，发扬蹈厉，时露于笔墨之间"，引人深思，但在他的诗歌创作中并不占据主体地位，也远不如他那些关注民生、具有强烈现实主义色彩的诗歌，如《蕨箕行》和《海米行》。

《蕨箕行》曰：

> 并海饥民千百数，携锄上山劚山土。蕨根已尽劚不休，力绝筋疲未言苦。屋头五日无炊烟，十步九却行不前。全家性命系朝暮，弱子假息阿母眠。昨日劚蕨仅盈斗，今日蕨根不满手。但凭劚蕨保余生，再拜青山感恩厚。青山青山尔勿猜，明朝未死携锄来。

《海米行》曰：

> 海边有草名海米，大非蓬蒿小非荠。妇女携篮昼作群，采掇仍于海中洗。归来涤釜烧松枝，煮米为饭充朝饥。莫辞苦涩不下咽，性命聊假须史时。皇天不仁我当死，况乃催科急如矢。来年拟作日月期，欲保余生更徯尔。呼呼弃止不复陈，椎牛酾酒为何人。

就主题思想而言，这两首诗与柳宗元的《捕蛇者说》、白居易和杜甫等的诗歌关注的是同一个话题。《蕨箕行》和《海米行》分别写宁海西部丘陵地区农人的苦难和宁海沿海居民的困苦。因为官府的急征暴敛，"催科急如矢"，饥民们成群结队地上山挖蕨根，下海采海米度日。诗中倾注了诗人的爱憎。虽然通篇对课征官吏着墨不多，但却深刻地揭露了封建统治者的本质，具有典型性。类似这样的现实主义诗歌，孝孺都写得文辞朴实，读之往往令人恻然。

孝孺志存的是为生民立命、为天地立心的决心，所以对于有识之士，或者致力于道、同气相求的人，就会不遗余力携之扶之。孝孺在《题万间室》中对发出"安得广厦千万间，大庇天下寒士俱欢颜"的杜甫极为推崇，特把自己的一间屋子命名为"万间室"。诗中写道："少陵老翁饿濒死，意欲大庇天下人。一稼茅屋不足蔽风雨，安得万间之厦，盖覆四海赤子同欣欣？言狂意广不量力，至今世俗闻者交笑嗔。缑城小儒愚独甚，不敢哄笑，谓公之意厚且真……生灵穷苦堕沟渎，寒士困悴无衣绅。彼也珍羞口绮席，歌舞燕乐穷朝昏。老翁哀痛实为此……至今已阅八百岁，知翁之意世独少，蹈翁所恶常纷纷。缑城子为是惧，人受天地中，何以不与禽兽草木为等伦？……孔子孟轲不得位，著书明道亦与治水拯世之，功均。……吾为孔子徒，忍泪流俗同沉沦？故题一室曰万间，坐觉宇宙亭毒气势皆前陈。身贱不敢论政教，誓将修复孔业，为世开昏嚣。室中左右列古书，亦有诸史所笔志义之士忠良臣……小儒不惜独困处此室，作为颂歌圣神，再见中国大治同周殷。"

对人际的诚恳关怀，对大众的深厚同情，对苦难的深切感受，对于家国不治的深哀隐痛，杜甫大概是表现得最为突出和典型的了。"他总是那样的情感深沉，那样的人道诚实。他完全执着于人间，关注于现实，不求个体解脱，不寻求来世恩宠，沉浸在人对人的同情抚慰中，彼此'以沫相濡'，认为这就是至高无上的人生真谛和创作使命。"而孝孺也是这种精神的传承者，是杜甫的异代知音。孝孺引杜甫为同道，欲继杜甫之精神而奋起，这正是儒家传统道德"为仁由己"的"爱人"精神——"仁"的再现。"仁"这种人际关怀的共同情感（人道），是历代儒家士大夫知识分子生活存在的原动力。孝孺也和杜甫一样，可以为了实现理想而做到"吾庐独破受冻死亦足""愿得万间厦，转为寒士家"。

除此之外，孝孺还写有《寄贫士》一诗以自我象征、自我解嘲，其达观之精神更可见一斑："朝餐浆一盂，暮食蔬一盘。胸中六经架星斗，笔底万卷驰波澜。人笑先生穷不耻，先生叹人愚可鄙。终朝醉饱百不知，何异腥膻饫蝼蚁。世上群儿味重轻，每是蝼蚁非先生。纵令先生穷至老，犹与日月争光明。"

孝孺一生是感情极其充沛的一生，除了上文所提及的诗作外，他的书写个人情怀之作，亦相当地情真意切，感人至深。《闲居感怀十七首》是孝孺闲居缑城里时所作，寄寓着个人内心世界的深沉情感、抱负和他安贫乐道的思想，也有不得志的抑郁之情。第二首写道："凤随天风下，暮息梧桐枝。群鸥得腐鼠，笑汝长苦饥。举头望八荒，默与千秋期。一饱亮易得，所存终不移。"第四首说："庭前两古桧，封殖今百年。女萝欺衰朽，扬翘冠其巅。弱荣蒲柳脆，巨麓金石坚。得时不自料，岁晚良可怜。"难免伤悲偶露，难免伤春悲秋，难免踌躇满志却又不得志。以致数百年之后读之，犹能想见抑郁其间的辛酸激切之气。第五首曰："我非今世人，空怀今世忧。所忧谅无他，慨想禹九州。商君以为秦，周公以为周。哀哉万年后，谁为斯民谋。"孝孺志向抱负极大，他所想的，已经超过了家国的局限。商鞅、周公所忧不过一朝一姓而已，孝孺所追求的则是大禹治水般的天地境界，既非为一己之得失，也非为一家一姓之兴衰，而是要为天下苍生谋求福利。其情怀不可谓不高尚，其气象不可谓不宏大。第九首说："士无及物智，每喜华其庐。我居岂不敞，于道已有余。明取容吾身，奥取藏吾书。奚须叹其陋，不见阿房初。"华屋美居不过身外之物，而心中之道才该奉之如圭臬。

对于生死，孝孺也作过思考："彭聃死于寿，夭者死于殇。万生谁长存，所贵德誉光。古来志节士，立身有大方。孰云萧蓁莱，果胜兰蕙芳。"此诗说理，但却因为发自内心，动机单纯而高尚，读来也同样宛然有致。孝孺的《病中述怀》两诗仍为感怀之作，从中更可见孝孺的拳拳之心，重病缠身，但思虑之所及仍是天下生灵。其他如《上巳约友登南楼》《勉学诗》等诗，抒情之余，隐然仍可见他那关怀世人、以伊周自命的气概："……古人已寂寞，继者应在今。蕴真有至乐，外慕非所钦。畴昔舞雩泳，千秋虞氏琴。穷达各有适，宇宙流遗音。景风生穆清，佳趣溢鱼禽。愿言领众妙，无为郁冲襟。"（《上巳约友登南楼》）

孝孺既然生而为黎民，且精力较为充沛，大多时间都意气不凡，但他也有情绪低落发于笔端之作，例如《闻鹃》的风格就大为殊异。此诗作于"靖难"的时候，前线战事日逼，加之离间计失败，孝孺心情黯淡。一样的鹃声，确是能让人白头的鹃声。

孝孺之于诗歌，是师宜多家，但更青睐宋诗。《谈诗》写得流畅平和，味厚理足，朗朗上口，绝无牵合生硬之感。如：

"举世皆宗李杜诗,不知李杜更宗谁。能探风雅无穷意,始是乾冲绝妙辞"(其一)。"前宋文章配两周,盛时诗律亦无侪。今人未识昆仑派,却笑黄河是浊流"(其二)。"天历诸公著作新,力排旧习祖唐人。粗豪未脱风沙气,难诋熙丰作后尘"(其四)。其评论的锋芒可谓直刺时弊,大关宏旨。

孝孺诗歌中亦多有题画诗,如《题李白观瀑布图》《题李白对月饮图》《题画》《牧牛图》《虎图》等。这些诗或气势沛然,或清丽绝尘,或情致盎然,都不失为佳作。前文已提及孝孺极为推崇李白,在《逊志斋集》中就有三首诗专为李白而写。除了《题李白观瀑布图》《题李白对月饮图》外,还有《吊李白》一诗,都写得气势雄浑,极富感染力,诗风亦步李白。如《红酒歌》一诗写道:"……烂漫为我浇吟肠,新诗吐出云锦章。醉来兴发态豪狂,高歌起舞当斜阳。出门一笑尔汝忘,大江东去烟茫茫。"那豪情,那狂态,那文采,那境界,可谓得李白之风神情韵。再如《题画》一诗:"茅屋东屿西屿,白云前山后山。为报溪头流水,落花休出人间。"隐处青山,远离城郭,唯有独木桥与外界沟通,落花流水更添远离尘世之美。全诗语言朴素,利落干净,画面纯粹。《牧牛图》一诗云:"谷口惊湍雨歇,柳阴芳草春还。试问太平乐事,夕阳牛背青山。"道学中人,写得此诗,可谓天真自然,赤子之心是谓昭昭。可见真道学必不庸腐,一庸腐便是假道学也。《杨柳渡》《赠鲍民瞻》《宿夹江寺》等,都无一丝道学气。再如为人所称颂的《见梅》:"寒梅冻后放幽姿,何事今年花较迟。昨日途中春意到,溪头才见两三枝。"此诗隽永、清新、天然,毫无秾丽之气、雕琢之痕,同时梅花傲寒的品性、素雅的风姿也形诸笔底。意境无我,但却见到了一个卓尔不群的诗人形象。

《逊志斋集》二十四卷，诗歌两卷，其成就稍逊于散文和政论文。但从总体而言，诗歌特色还是很明显：或含蓄而旨远，或激切而气雄，或悲阆而真切，或平淡而绝俗，或清丽而理明，无不真实感人，让人读之不厌。在艺术上，也体现出了方孝孺醇正雄迈、理明辞达、意蕴深远等的散文特色。可见，孝孺的文学理论与其文学创作的结合紧密不仅反映在散文上，在"言志"的诗歌上也得到了生动的体现。

六、文学成就及其影响

总的说来，学术界对方孝孺文学思想的研究并不多，这与方孝孺在明初文坛上的重要地位是不对等、不平衡的。

对当代文坛的影响

方孝孺的文学观、文学功能论属于正统儒家文学理论范畴，在当时的文化背景下，具有现实意义。

元末明初"礼崩乐坏"，在这民族重建、政治重建的特定历史时期，时代也呼唤文化重建。方孝孺"慨焉以斯文自任……与古圣贤之所讲求，直欲排洪荒而开二帝，去杂霸而见三王，以推其余以淑来祀，伊、周、孔、孟合为一人"，以醇正的儒家思想和知识分子秉直命世的传统，对当时学术思想的走向起到了相当大的导引作用。他提出的文学主张也顺应了历史潮流，其主导方向是积极的。

首先，虽然方孝孺"文以明道"思想中的"道"是儒家的仁义道德，但并非抽象架空的理论。他充分发扬了儒学济世致用的一面，使他所明的道具有了丰富的现实内容。在当时的文化环境中，方孝孺有力地重申儒家明道致用的诗教，重视作家的主观修养，强调作家的社会责任感，对于扭转当时文人畸形的诗学观，改变彼时创作中纤弱浮靡、秾丽狂怪的文风及过重技巧而格调不高的创作倾向，发挥了积极的作用。

其次，方孝孺虽把儒家道统作为文章的内容和本源，但其文学思想并没有被理学所吞没而迷失本身的特质和独立地位。宋代道学家重道轻文，如程颐不仅将文章之学排除在儒学之外，更曰："问作文害道否？曰害也。凡为文不专意则不工，若专意则志局于此，又安能与天地同其大也。《书》云：'玩物丧志。'为文亦玩物也。"道学家"作文害道"的观点对文坛影响甚大。方孝孺不像理学门徒那样极言"作文害道"，而是继承韩愈、欧阳修、苏轼等古文家的古文运动理论，并发展了自己的特色。他虽也多有"文以明道"甚至斥辞章为末技的言论，但他又认为"文章与学术相表里"，这成为他发展传统文论、重视文学创作的关键。他提出"文道合一"，肯定了文学创作的价值，并致力于写作实践，使得他的理论在实际上得以完成。在文学创作过程中，他对文学的艺术形式和写作技巧作了认真的探究。"文道合一"使方孝孺重视文章内容和形式的高度统一，谈及文章的体裁、章程、文气、立意等基本问题，并提出了"理明辞达"的主张。"文因时而变""文如其人"使方孝孺重视文学创作的个性，不泥于古、不拘于一格。"道明气昌"使方孝孺主张作文者加强道德品行的修养，力求文章以充沛的道德之气贯之，与韩愈文道合一、品德修养是根本、"本深而末茂，形大而声宏"的论述相一致；"气昌而辞达"又继承了韩愈把加强修养与驾驭语言的关系比作水与浮物，即"气，水也，言，浮物也，水大而物之浮者大小毕浮。气之与言犹是也。气盛则言之短长与声之高下者皆宜"的观点。"道明则气昌,气昌则辞达"对于倡导同开国兴邦宏大气象相适应的阳刚美的风格,具有积极意义。总之,重道而不废文,这使方孝孺的文学品格和理论张力大大增强,并为当时大多数的创作者所接受。

另外,明初道气并重的文学创作也在方孝孺那里得到了落实。虽然在明初浙东文人就代表官方意识大倡明道致用、雅正气充之文,然而朱元璋在开国后,并没能提供一个文人们所希望的宽松的文化氛围。政治环境不断恶化,士人或是心不甘情不愿地鼓吹休明、歌功颂德,或是小心翼翼地收敛个性、感叹忧伤。可以说洪武年间的君臣诗文唱和之作,充满了假大空,充满了瞒和骗。按刘基排序的明初三大文人的结局——宋濂流放夔州,死在途中;刘基羁管京城,死于非命;张孟兼因朱氏宠僧吴印构陷被械至网下,特论弃市,标志了文学理想在开国文人那里的幻灭。方孝孺文学思想与明初官方意识呈现出一致性,而他身体力行,以文学创作来实践其文学理论并取得了实效。他道气并重的文章具备了理想与个性、境界与力度,给人以感染与鼓舞,也成为明初文学理想的楷模。

对时人的巨大影响

方孝孺自小便有好名,从师宋濂以后,他的学问有了更宽更广的影响力。宋濂誉之为"喧啾百鸟中此孤凤凰",以赞其出类拔萃的成就。天赋英姿,加之学界泰斗宋濂的推奖,使青年方孝孺成为超群绝伦、声名鹊起的人物,当时名流老辈"皆让不敢"。因方孝孺的学问名世和他对师友交往的重视,他的周围汇聚了一批有成就、有文名的知识分子。从《逊志斋集》

中可窥见其时与方孝孺交往的有王绅、刘刚、林右、郑叔度、郭浚、许继、卢元质、郑居贞、茅大芳、童思立、郑公智、林嘉猷等一大批文人。这些人中，有的是他的亲戚，有的是朋友，有的则是慕名而来拜于其门下的学生。孝孺与他们切磋琢磨，互相启迪。

方孝孺与这些友人的交往是建立在"道合"基础之上的。这批文人都是有志于道，"以文学知名"的儒士，方孝孺从他们身上汲取知识、人格养分，而方孝孺醇正的儒家思想和道气并重的文章也影响了他们。

孝孺的同郡友人林右在为《逊志斋集》作序时说："惜乎当今之学者。""窃成说为文辞，杂老佛为博学，志气污下，议论卑浅，凝凝然无复有大人君子之态。吾友方君希直奋然而起曰：'是岂足以为学。不以伊周之心事其君，贼其君者也；不以孔孟之学为学，贼其身者也。'发言持论一本于至理，合乎天道。自程朱以来，未始见也。天下有志之士，莫不高其言论，将尽弃其所学而从之。"临海的赵渊在《成都府正学方先生祠堂记》中曰："君子之学局为正，持其志养浩然正气而已矣。是故志立则气充，气充则人与天一。无是气，天地亦几乎息矣，而况于人乎？吾台方先生希直，早以圣贤自期，其言曰：'学圣人者须先学孟子；学孟子者，须先识浩然之气'……于是天下识与不识，咸望之若孟子。"可见学者们认为方孝孺直接接续孔孟伊周事业，受到了师友门生们的赞誉和推崇，正是"有识者无不心悦诚服，而新学晚生亦有所归依也"。带着对方孝孺的崇敬之情，文人们学习他以阐道翼教为指归的文章、道气并重的文风也就顺理成章了。临海叶见泰（夷仲）说方孝孺"为文雄迈深厚"，郭士渊曰《逊志斋集》"文气浑成，识见卓

138

迈"……足见方孝孺的道德文章在当时文坛的影响。

在与孝孺交往的文人中，王绅、刘刚、郑叔度等数十人与他关系较深，受其影响很大。

王绅，字仲缙，为明初著名诗人王袆次子。与兄王绶俱师从宋濂，备受器重。王绅少孝孺十余岁，两人虽系同门学友，但他实以师长视孝孺。他在《简郑叔贞四十二韵》中说："虽号同门生，实籍师资德""契谊等弟昆，交情固胶漆"。《逊志斋集》收录方孝孺先后写过的《王氏兄弟字说》等文章，其中多论"道"和"文"。同时《逊志斋集·外纪》中也收录了王绅写给方孝孺的文章，也是就孔孟之道等问题切磋探讨。王绅对方孝孺极其钦佩和尊敬。他为《逊志斋集》作序曰："……天台方君希直，负精纯之资，修端洁之行。考其学术，皆非流俗所可及。其言功业则以伊周为准绳，道德则以孔孟为宗会。其通而不泥于一，志乎大而不局于小，实有志于圣贤者也。"对方孝孺要将道统与道学分离所造成的功业与空言两端合二为一，力求"文以明道致用"，要做到像伊尹、周公那样"以道事君"的志向大加推崇。他又在《答方希直先生书》中说："……绅之愚，世所不取，而执事且教之，又安知执事之言，非孔孟之意乎？徒以绅受执事之知，而不以是为复，是负执事之心，又岂绅之心哉！"可见其与方孝孺相契之深。王绅与方孝孺一道应蜀王聘为成都府文学。建文继位，因人推荐召拜国子博士，入史馆，纂修《太祖实录》，而孝孺任总裁。

刘刚，生卒年不详，字养浩。与孝孺交情笃厚，今《逊志斋集》中有方孝孺为他所作文多篇，如《刘氏诗序》《集义斋记》等。其中《集义斋记》云："得釜庾之禄则以夸于众，有一命之爵则喜而以为荣，患难临之则戚戚不能生，贫贱困之则怨天而尤人。若是者无他，气不充而义不明也……有志乎学者，而可不自审欤!"《刘氏诗序》云："人不能无思也，而复有言；言之而中理也，则谓之文；文而成音也……"方孝孺在为刘刚所作文中都阐发了做人和为文的道理。

郑楷，生卒年不详，字叔度。与方孝孺同师宋濂，正如方孝孺在《与郑叔度八首》中所述："仆所爱敬亲密无间蔽者亦莫兄若也……吾兄闻仆所言，不待毕辞而已悉仆之意；于仆所论是非当否，不待预约而如出一口，吾兄之贤岂私于仆哉？诚道合使然也。"两人甚为知己。郑楷原字贞孝，宋濂为其改字叔度。郑楷不明其中何意，求教于孝孺。孝孺曰："度者，先王所以齐万物，一民志之器也。……一民志而齐万物者，圣人之事也。"两人离开师门以后常有书信问候，《逊志斋集》中收方孝孺给郑楷的书信八封，皆是探讨学问之事。《逊志斋集》中涉及叔度的诗、文也较多，内容大抵以阐道翼教为指归。方孝孺对此曰："感同道者之难遇，幸而得吾兄，倾肺腑竭愚诚尽殷勤之好，托昆弟之欢，效古君子交友之义……故吾二人同处也必有所闻，同游也必有所益。"郑楷与方孝孺这对师兄弟，在学问、志向、人格各方面也是相互启迪的。

以上皆是孝孺的友人同门，其他如方孝孺的学生郑公智、林嘉猷等更是直接在方孝孺的影响下，成为持己不阿、有志于道的儒士。靖难之役中方孝孺的友人门生连同被诛，似乎可以从中看出明成祖制造这一悲剧的更深层的原因。在绝对皇权的政治条件下，是不允许不同的意识形态存在的，即使拥有这一意识形态者为数众多，法不责众的底线照样可以被打破。方孝孺与其友人门生们的交往是建立在"道合"基础之上的，明成祖诛其十族的目的正在于毁掉这个深受方氏思想影响的文人群体。

对后世文坛的影响

1. 台阁体对以道德为中心的理性思维的继承

靖难之后，明永乐朝开始（1403），台阁体作为代表官方意识的文学流派，也开始形成。钱谦益在《列朝诗集》乙集"杨少师士奇"条下称："国初相业称三杨，公为之首。其诗文号台阁体。"台阁体代表人物是号称"三杨"的三位台阁大臣：杨士奇、杨荣、杨溥。"三杨"历事永乐、洪熙、宣德、正统四朝，以阁臣之尊主持文柄数十年，遂形成一个独领时代风骚的文学流派。

台阁文臣继承了明开国以来以道德为中心的理性文学观，与方孝孺文学主张胞衣相传而有一致的方面。

方孝孺耻于被加以"文士"之号，持"文以明道致用"的文学观，而台阁体文人则继续强调明道、宗经的文学观。他们把文人分为文章家（即所谓"文学之士"）和"儒学之士"两种，认为司马迁、司马相如和班固为文章家，不能作汉朝文学的代表；唐、宋的文章家"能反求诸经，概得圣人之旨，遂为学者所宗"；汉代董仲舒治经术，发明圣人之道，是为汉代文人的统帅；周、二程和朱子之文，"笃志圣人之道，沉潜六经……"。同时，台阁体文人又要求诗文发扬六经"明人伦、资治道"的经世作用，强调文学的政治实用性。"明人伦"是强调礼教对社会意识形态的纲维扶持，"资治道"即强调对治国安邦的建设补益，台阁馆臣们以之作为衡量文学的价值标准。这与方孝孺在文学功能论上强调文以明道致用，"凡文为用，明道、立政二端而已。道以淑斯民，政以养斯民"如出

141

一辙。

以上是就文论而言。在诗歌创作方面，方孝孺曾在《刘氏诗序》中认为，"本于伦理之正，发于性情之真，而归乎礼义之极"的诗歌，是可抵神旨而能经邦治国的。他进而批判大异于古的近代诗。台阁体作家在诗歌创作上所尊崇的原则也是诗歌要得"性情之正"。胡俨在《颐庵文选序》中详细地说："凡人之修身，莫先于得其性情之正，躬行莫安于循乎规矩之常。诗三百篇不越乎六义，六义之词有善有恶。或劝或惩，而讽咏之间优柔浸渍，善心由是感发，逸志因之以惩创，得于其心发于其言，言满天下必无口过，此性情之得其正也。"杨士奇在《东里文集》中亦说："诗以理性情而约诸正。"结合其人其文分析，他们所谓的"性情之正"多少得要关世教，行王道，观得失，劝善惩恶，合乎封建礼法道德。诗歌教化论是台阁作家和方孝孺们共同致力的道。

在文的方面，方孝孺与台阁作家们都大力赞赏韩、柳、欧、苏等古文大家。董其昌说："自杨文贞而下，皆以欧、曾为范。"是为可信。而台阁作家们又尤其推崇欧阳修与曾巩。胡俨的《颐庵文选序》中，杨士奇有言："至诏韩退之，宋欧阳永叔、曾子固，力于文辞，能反求诸经，概得圣人之旨，遂为学者所宗。"欧阳修、曾巩于文重道统，文风平易自然、纤余曲折，是宋代儒者之文的典范。台阁文人对宋人的这种追慕，更多地以程朱理学为前提，对欧、曾的推尊，重在赞美欧、曾的道德文章，并以之作为创作的典范加以模仿。所以，虽然他们刻意学习欧、曾文风，但更为重视的是道德内容而非文辞。

从元末至明初，宋濂、刘基等浙东文人代表官方意识提出

"文以明道致用"，到方孝孺继承发扬其师而成为当时文坛的重要人物，再到馆阁文学的形成，传统儒家文学思想是呈线性发展的。可以说，在中国传统文化的传承关系中，方孝孺虽不是时代思想的开创者，却是传统思想、文化的继承者，也是时代思想的代表者。以方孝孺醇正儒家思想的影响及文章被推为天下第一的文坛地位，后者必然对前者产生影响。方孝孺文学思想维持了传统儒家文学观的惯性发展，并在其间起到了承前启后的作用。

2. 方孝孺气衰，正大高昂文风衰

虽然台阁文人们继承了以道德为中心的理性文学观，但是由于一系列原因，在创作上则无法彻底地践行而与方孝孺呈现出不小的差异性。

作为一个文学流派，雅正平和的风格（适用于诗和文）使台阁体作家的诗文创作呈现出一种趋同的特征。在文学创作形式上，台阁体作家文集又以"歌颂圣德，施之诏诰典册以申命行事"为主要内容，应制、唱和之作数量非常多。"他们确实尽可能把俗世间一切事务，都提到国家大事的高度，以一个馆阁大臣即国家各项事务的代言人和儒家学术的布道者的身份来议论和要求，从而处处露出台阁气和头巾气：庄重、严肃、端正但缺乏人情味，从而处处露出颂美的模式。"这与方孝孺道气并重的文章，醇深雄迈的文风是绝不相同的。

方孝孺精神也许可得传承，但是"读书种子"之死的震撼力量打击了明代文人对建立在儒家伦理政治基础上的政权的信心，使士人们悄悄地改变了他们的生命品格和价值取向。读书人已不把儒家价值理想作为参与政治社会活动的准则，他们出仕只为"功名利禄"而非为"行道"。方孝孺倡导的知识分子积极入世，以有限的人生与社会盛衰相关联的精神不复存在。"一杀孝孺，则后来读书者遂无种也。无种则忠义人才岂复更生乎?"靖难不仅毁灭了"读书种子"的核心精神——儒家价值观，更毁灭了知识分子为维护儒家政治理想、独立人格而至死不渝的气节。

　　台阁体在理学继续独尊的现实环境下，适应时代的需要，继承了以道德为中心的理性思维与文学观，并主宰了文坛，却熄灭了正大高昂的精神。文学不能真正脱离社会而独立，而文学一旦与政治联姻，又往往牺牲了自由个性，造成文学的停滞局面，这个文学思想的悖论在元末明初文坛足以体现。台阁体文学与方孝孺以道德理性和文化关切转化现实政治的入世精神，以及其置身于高远的人文理想，站在道德自觉和儒家文化意识的层面，抨击专制和孜求改政的精神是大相径庭的。它是一种由压抑的道德和平庸的人格出发的文学，既缺乏自我内在情感的切入，也缺乏对社会生活的关怀，并且缺乏艺术创造的热情。

结　语

　　方孝孺是明初文人中大幸之人，又是大不幸之人。一个生于元末，长在明初的大儒，当明王朝崛起，风云际会之时，受到开国君主的赏识却终不被重用，在建文一朝，受到恩宠，当时文士少有其比。当荣耀之极，根本不会想到改朝易庙，会让自己闯下在历史上开被诛十族之先的大祸。

　　劫难对于孝孺来说，大概不可避免。他的荣辱与升沉，皆与他的忠诚图报有关，与时势有关。他是君主集权需要的人才和需要的牺牲。君主和时势需要，他便平步青云；君主不需要这样的忠臣，他便遭了诛十族的大难。一朝天子一朝臣，拔用孝孺的是君主建文，对其施与磔刑的是君主成祖。这一切都是改朝换代不可避免的。

　　朱元璋是农村出身，了解农民，多少富于草根性，但没有受过任何正规教育，与读书人是两股道上跑的车。辅佐他夺取天下，参与创立明朝的第一代"读书种子"的下场都很悲惨，即使功臣也没几个得到善终。参与建设明朝的第二代"读书种子"又因为"靖难"之役，损伤大半。这一代的读书人，比之上辈，分化较为厉害。

与方孝孺同时在建文帝手下担任重要职务的著名知识分子，并不在少数。例如胡广、金幼孜、黄淮、胡俨、解缙、杨士奇、周是修等人，都名噪一时，也都得到了建文帝的信任，可谓"贤人在朝"。可是，当朱棣的兵马逼近南京城时，这些平时信誓旦旦要与建文帝共存亡的大臣，立刻各露嘴脸。却说破城之日，这些大臣相约为建文帝殉节，并邀齐了去应天府学集体自杀。但是，真正实现诺言的唯有周是修一人。

事功与操守，是每一个读书人都必须面临的问题。成其一端者，历史上大有人在。两者兼美，如范蠡、诸葛亮之辈，则属凤毛麟角，少之又少。而中国的读书人，往往把操守看得比事功更为重要。因此，对那些事功卓著且又大节有亏的人，无不褒贬并施。那些靠钻营猎取高位而品行不端者，没有哪一个可以逃脱口诛笔伐的命运。

细研明朝初期的历史，不难看出，朱元璋和朱棣所需要的读书人，是那种有知识而无智慧的人。朱家皇帝希望读书人在技术的层面上而不是在思想的层面上帮助他们管理国家。他们需要实用型人才而非智慧型人才。上有所倡下有所趋，因此，有明一代的读书人，比之春秋战国，比之唐宋，在中国文化星空中发出的光芒，便微弱得多了。

明代的文脉之弱，首先弱在气上。一个国家、一个时代的文气之强弱、高卑、清浊、断续，乃是这个国家、这个时代精神面貌的体现。朱元璋没有秦皇汉武、唐宗宋祖那样的英雄气势，更缺乏继往开来的文化胸襟。为数不多的"读书种子"，也在明代前几朝几乎被杀光。方孝孺不待成为一个时代的气节代表，不待有抚慰人心的表现就遭靖难大劫，再何以言文脉强弱？所以，有明一代的文气疲弱是应有之义。

孝孺一生以忧道悯民，为生民立命，为天地立心为己任。何乔远称："孝孺之平生，杰然必为君子也，贱文章而贵道德，耻刑法而尊教化，虑无不发明圣学、敷陈王道，当是时，天下皆以孟轲韩愈复生。"

方孝孺以明道承统为任，"欲以一人之身挽回数千年之世道"，每言"圣智之虑，不止于善一身安一时，而必欲垂法子孙黎民，以传示后世"，感慕往圣前贤，饱持恩师所望，砥砺品行，常怀不恤一身，忧道悯民之志。既称"士之高卑，在道德心志"，又言"士之可贵者，在节气，不在才智""视人君之尊，不为之动，遇事辄面争其短，无所忌"，至言"国家可使数十年无才智之士，而不可一日无气节之臣，譬彼甘脆之味，虽累时月不食，未足为病，而姜桂之和，不可斯须无之"，由此可知，持志死节，固为孝孺之所取。弟方孝友就戮时，孝孺目之泪下，孝友口占一诗曰："阿兄何必泪潸潸，取义成仁在此间"，日常激勉之深，可见一斑。然若以此涵盖孝孺之殉道，仅为俗论，不足领会精神。

方孝孺矢志精诚，绝私去欲，全性达命，心存圣贤之道，不动于穷达生死。故而，虽可自刭早死，或得保以宗族，然道之未明，正统未辨，即以翼道为任，不得遽死，需待彰显"道统"之至尊，方可从容殉道，固不得以寻常愤激死节者目之。正所谓"顺理之使不失其所也"，杀身成仁的殉道意义方谓完全。

一代学祖守道不渝，却致磔身沉族之惨祸，其于有明士人之学行风节实为巨创。朱元璋重典治国，文士少全，至方孝孺以"程朱复出"，身系道统之重，天下士心所为向慕，然中道摧折，更身罹不世之祸，"儒统遂绝"。《儒林外史》中邹吉甫称："我听见人说，本朝的天下，要同孔夫子的周朝一样好的，就为出了个永乐爷，就弄坏了。"娄三、娄四公子亦尝说："自从永乐篡位之后，明朝就不成个天下。"无论是本朝儒者对方孝孺的叹惋，抑或是清代士人对朱棣的不满，其关注点皆在明朝道统的中断，而此，正是"天下读书种子绝矣"的真正内涵。

事隔几百年，论者犹凄凄。在为尊者讳的一般准则与皇权威慑之下，对于成祖的指斥虽未见于笔端，但愤懑哀痛实已洋溢字里行间，勇者扼腕，懦者自伤。明僧慧暕曾言："洪武间，秀才做官吃多少辛苦，受多少惊怕，与朝廷出多少心力？到头来，小有过犯，轻则充军，重则刑戮。善终者十二三耳。其时士大夫无负国家，国家负天下士大夫多矣。"明王朝所负士人之债，非止洪武时的文祸迭兴，朱棣磔诛"天下读书种子"所造成的士人失志，亦毫不为逊。朱元璋在为明人恢复最广袤的文学胜地——汉人的文化制度的同时，却又给他们戴上了生命不能承受之重负。一代之开国气象有如人类之童年经验，必将对本朝士子产生深远的影响。"诗文固系世运，然大概自其创业之君"朱元璋营造了经济振兴、制度齐备的皇皇景象，却没有开辟一个宽容蓬勃的文化氛围，取而代之的是一个高压沉默的局面，将明初士人的开创激情迅速凝固为自保的谨慎，"见人斫轮只袖手，听人谈天只箝口"。明成祖的磔诛方孝孺则在心灵深处摧毁了明代士人的道义底线，天下"读书种子"自此断绝，君主心理与士人志行间的隔阂遂被推至极端，道统与政统间巨大的裂痕成为明代士人无法回避的历史创伤。

同时，明代自开国之初即推行儒家伦理政治，作为代表的大儒方孝孺之死，则在基础上打击了明代文人对于政权的信任。"杀方孝孺，天下读书种子绝矣"，孝孺之死，意味着统治者自伤元气，自掘根基。靖难之役后，第二代和第三代浙东士大夫损失殆尽，该地区绵延上百年的儒学传承体系遭到毁灭性破坏，人才凋零，文脉中断。从此，元末明初辉煌一时的浙东士大夫群体不可避免地走向衰落。

孝孺为文终生，学文终生，在读书、穷理、拜师、钻研文章之道方面，花费很大精力。他对自己的文章既满意又不满意。满意的是可以代师为文而不被觉察，就像登山，已经攀上了相当的高度；不满意的是，虽然离顶峰不远，可就是到不了峰顶。但供后世汲取的养料，定会源源不断。

附 录

年 谱

1357 年（元至正十七年）　生于浙江宁海县缑城里。

1359 年（至正十九年）　《逊志斋集》附《年谱》云："能识数目，方隅达者知其非凡。"

1360 年（至正二十年）　《年谱》云："精敏绝伦，步趋不苟，持重如成人，其父方克勤奇之。"

1361 年（至正二十一年）　道光本《年谱》称："能读书辨章句。"

1362 年（至正二十二年）　《年谱》云："喜学，能诗。《题山水隐者》。"第一首诗作于此年。

1363 年（至正二十三年）　九月十四日母林夫人卒。《正学先生事状》："先生哀慕人成人。"

1364 年（至正二十四年）　读书，见书中所载圣贤名字，或是圣贤良将良相相貌，即牢记于心，决心以圣贤为榜样。

1366 年（至正二十六年）　日读书盈寸。"日坐一室，不出门户。当理趣会心，神融意畅，虽户外钟鼓鸣而风雨作，不复觉也。"

1368 年（明洪武元年）　朱元璋称帝建立明朝，年号洪武。孝孺继母王夫人卒。

1369 年（洪武二年）　善于作古诗文，词雄迈醇深，千言立就，乡人目为"小韩子"。其父方克勤任宁海县导。宋濂、王祎等修《元史》成。

1370 年（洪武三年）　写《幼仪杂箴》二十首，《杂铭》四十五篇。

1371 年（洪武四年）　其父克勤任济宁知府，孝孺侍父宦游，其间历览齐
鲁胜迹，览周公、孔子庙宅，求七十子遗迹。正月，李善长罢相，刘
基归老还乡。此年录取天下官吏，开科取士。

1372 年（洪武五年）　在济宁谒见曹国公李文忠。李敬礼之，期以为
国士。

1373 年（洪武七年）　孝孺说其学进，非独其师与其父，乃兄功亦不
可没。

1374 年（洪武八年）　作《释统》三篇，《深虑论》十篇。其父方克勤考
绩为山东六府之最。

1375 年（洪武八年）　方克勤奉诏进京，遭属下曹县县令程贡诬陷，被逮
至京师。孝孺上书，愿以身从军而代父赎"罪"。

1376 年（洪武九年）　方克勤被谪至江浦，空印案起，牵连此案，被诬，
以至于十月二十四日，赍志而没于京师。孝孺与其兄孝闻扶灵柩南
归。他尊父遗言，拜师宋濂门下，宋濂为其父作墓铭文。

1377 年（洪武十年）　合葬方克勤、林夫人于宁海深湾童施山之原。六
月，孝孺到宋濂门下继续学业，宋濂称："晚遇小子，自贺有得。"师
生相见，甚为相得。后从学四年。作《与郑叔度书》卷二、三、四，
《鼻对》，代太史公作《赠楼君诗卷题辞》等。

1380 年（洪武十三年）　胡惟庸案起，秋季归省祖母。

1381 年（洪武十四年）　在缑城编成《愚庵公文集》，并作序和跋。师宋
濂辞世，作《祭太史公五首》以悼念。写成《周礼辨疑》。

1382 年（洪武十五年）　遵祖母旨，娶郑夫人。

1383 年（洪武十六年）　在吴沉和揭枢的举荐下，应诏至京师见朱元璋，
当廷做《灵芝甘露颂》，被赐宴礼部，归还乡里。

1384 年（洪武十七年）　长子方中愈在缑城生，继续课徒。疾病缠身。

1385 年（洪武十八年）　在缑城读书，写下《四忧箴》《君学》《石镜精

舍记》等作品。

1387 年（洪武二十年）　　仇家因事被逮，方家亦受到牵连，被械送京师，朱元璋特许开释。

1388 年（洪武二十一年）　　在缑城修家谱。祖母卒。长女方贞生。

1389 年（洪武二十二年）　　在缑城，《周礼考次》成。九月授汉中学府，妻与子随行。

1390 年（洪武二十三年）　　写成《武王戒书注》《宋史要言》等。

1392 年（洪武二十五年）　　廷臣皆荐，朱元璋再次召见，使任汉中府学教授。次女方淑生。

1393 年（洪武二十六年）　　赴汉中，道经夔州，祭拜宋濂墓，恤其遗孤。四月抵达汉中。主持四川秋闱，后又到京师主持考试。蓝玉案起。

1394 年（洪武二十七年）　　兼蜀王世子师。次子中宪生。

1395 年（洪武二十八年）　　在蜀地，蜀王题其读书处为"正学"。《帝王基命录》等撰成。

1396 年（洪武二十九年）　　闻兄孝闻故，悲悼欲绝。秋，主持京师秋闱，取士三百人。

1397 年（洪武三十年）　　在四川承蜀王之命，写成《蜀道易序》《蜀鉴》《蜀汉本末》《仕学规范》等。

1398 年（洪武三十一年）　　闰五月初十，朱元璋驾崩，遗诏传位皇太孙，并遗命方孝孺进京。闰五月十六日，朱允炆祭告天地，登基即位。六月，孝孺进京，为翰林侍讲，在文渊阁中，日侍建文左右，将相大政随时咨询，一时得倚重。夫人及子女回到缑城。建文系列新政实行。废周王为庶人，开始削藩。

1399 年（建文元年）　　二月中，更定官制。至六月，废除连同周王在内的五王，余下湘王、齐王、代王、岷王。孝孺升迁为侍讲学士。帝每有疑问即召孝孺解释之。临时奏事，臣僚面议可否，而命孝孺就屏风前批点。七月，朱棣起事，靖难之役始。姚广孝请情勿杀。八月，主试应天府，取士二百一十四人。

1400 年（建文二年）　诏修《高帝庙实录》及《类要》诸书，以孝孺为总裁。主持会试，得王艮、黄钺、陈继之、杨子荣、胡广、金幼孜、吴溥、胡濙、顾佐等名士。比定官制，八月，孝孺改文学博士。白沟河大战，官兵惨败，被斩与溺死者十余万。

1401 年（建文三年）　作《凝命神宝论颂》。三月，夹河之役，盛庸大败，损失士卒十余万。两次攻北平皆败。作《闻鹃诗》，悲观至极。十二月，燕王朱棣率大军南下。《高祖实录》修成。

1402 年（建文四年）　二月，更定品官勋阶。五月，燕师占扬州，建文帝下罪己诏，号召各地"勤王"。六月三日，燕师渡江。十三日，燕军从金川门入城。靖难之役结束。六月二十日葬建文帝。六月二十五日磔方孝孺，诛十族，死者约八百七十三人。门人廖镛、廖铭、王稌诸门生收孝孺遗骸。将他葬于聚宝门外山上。

参考书目

1. 〔明〕方孝孺：《逊志斋集》，四部丛刊初编缩本。

2. 〔明〕廖道南：《殿阁词林记》，四库丛刊本。

3. 〔明〕宋濂：《故愚庵先生方公墓铭文》，见《逊志斋集·外纪》，道光丙午刻本。

4. 《论语》，见《十三经注疏》，中华书局，1980 年。

5. 〔清〕焦循：《孟子正义》，见《十三经清人注疏》，中华书局，1987 年。

6. 〔晋〕陈寿撰，〔宋〕裴松之注：《三国志》，中华书局，2006 年。

7. 《孔子家语》，上海古籍出版社，1990 年。

8. 《明史》标点本，中华书局，1974 年。

9. 〔清〕查继佐：《罪惟录》，浙江古籍出版社，1986 年。

10. 〔明〕姚之骃：《元明事类钞》，四库丛刊本。

11. 〔宋〕朱熹：《四书章句集注》，中华书局，1998 年。

12. 〔清〕黄宗羲：《明儒学案》，中华书局，1985 年。

13. 〔宋〕程颢：《二程遗书》，上海古籍出版社，2000 年。